EL ARTE
de la GUERRA
para
LA BATALLA
ESPIRITUAL

EL ARTE
de la GUERRA
para
LA BATALLA
ESPIRITUAL

CINDY TRIMM

CASA
CREACIÓN
A STRANG COMPANY

La mayoría de los productos de Casa Creación están disponibles a un precio con descuento en cantidades de mayoreo para promociones de ventas, ofertas especiales, levantar fondos y atender necesidades educativas. Para más información, escriba a Casa Creación, 600 Rinehart Road, Lake Mary, Florida, 32746; o llame al teléfono (407) 333-7117 en Estados Unidos.

El arte de la guerra para la batalla espiritual por Cindy Trimm
Publicado por Casa Creación
Una compañía de Strang Communications
600 Rinehart Road
Lake Mary, Florida 32746
www.casacreacion.com

A menos que se indique lo contrario, todos los textos bíblicos han sido tomados de la *Santa Biblia*, versión Reina-Valera, revisión 1960. Usada con permiso.

Traducido por: Pica6.com
Director de diseño: Bill Johnson

Originally published in the U.S.A. under the title: *The Art of War for Spiritual Battle*, Published by Charisma House, A Strang Company, Lake Mary, FL 32746 USA

Library of Congress Control Number: 2010930806
ISBN: 978-1-61638-077-9

10 11 12 13 * 7 6 5 4 3 2 1
Impreso en los Estados Unidos de América

CONTENIDO

Prefacio vii

Introducción 1

PARTE UNO
PREPARACIÓN Y FUNDAMENTOS

1 Los primeros principios 11

2 El *tao* de la oración 39

3 El cielo y la tierra
   (el plano físico y el espiritual) 57

4 El general de oración 81

5 El método y la disciplina 103

PARTE DOS
UNIÓN CON EL ALTO MANDO
ESTRATÉGICO CELESTIAL

6 Las fuerzas aliadas 125

7 Las tácticas de defensa 143

8 Cómo obtener las estrategias divinas 169

   Apéndice: El informe del vigía 195

   Notas 199

PREFACIO

E L *ARTE DE LA GUERRA* de Sun Tzu* se convirtió en
un libro de referencia cada vez más popular a lo
largo de la década pasada y se utiliza en todo, desde
para resolver disputas, invertir en el mercado de valores y
gestionar fusiones de empresas hasta para comprar compa-
ñías. Este libro de sabiduría proverbial parece tan relevante
en la actualidad como lo fue cuando se escribió en el siglo
V a.C. Sigue siendo lectura obligada en las academias militares del mundo, y en 2006, el presidente chino Hu Jintao le
entregó un ejemplar del libro al entonces presidente George
W. Bush como un gesto hacia un mejor entendimiento y
apertura internacional.

La razón es que, en esencia, *El arte de la guerra* es un
manual de sabiduría para manejar conflictos de cualquier
tipo. Mientras lo estaba leyendo de nuevo recientemente
me di cuenta de la manera en que su filosofía es igualmente relevante para las batallas espirituales que se están
librando a nuestro alrededor todos los días. Hay multitud de guerras librándose en muchos tipos de terrenos, de

---

* Se pronuncia "son tzi".

manera que han abrumado a los gobiernos más poderosos y sofisticados, además de que desafían a los intelectuales, eruditos y filósofos más capaces. Hay guerra en contra del crimen, de la drogadicción, de la violencia intrafamiliar, de la trata de seres humanos, de la hambruna, de la indigencia, del terrorismo, de la pobreza, de enfermedades epidémicas y pandémicas, así como en contra del calentamiento global. Hay conflictos interpersonales, dificultades financieras, crisis de identidad, luchas emocionales y psicológicas; y la lista parece seguir y seguir. No obstante, pocos en nuestro mundo actualmente entienden que por cada mal que se manifiesta en el mundo físico, primero hubo una batalla perdida en el plano espiritual.

Creo que si estuviéramos realmente equipados y preparados de una manera apropiada podríamos ganar cada batalla en cualquier frente. Hay dos planos en conflicto "el natural y el sobrenatural". Los dos reinos no pueden gobernar en el mismo lugar: esa es la naturaleza de la división y el conflicto, no la naturaleza de una sociedad pacífica y próspera. Para que florezca una comunidad, el mal debe ser derrotado continuamente —día tras día, año tras año, generación tras generación— de otro modo lo único que sucede es una contienda interminable y luchas internas. Muchas personas se han desilusionado porque sienten que es una batalla que nunca cesará. Pero usted debe animarse; no debe desalentarse. La batalla que estamos librando terminará con una victoria. Por lo tanto, usted debe pelear la buena batalla de la fe y no dudar; no debe rendirse a la incredulidad.

El poder y la bondad de Dios que están dentro de usted son mucho más poderosos que cualquier mal en el exterior. Conquiste a los enemigos de su interior que son la duda y la incredulidad, y sus enemigos externos serán derrotados. Obtenga la victoria sobre piedras de tropiezo internas, tendencias, hábitos y adicciones en su vida privada, y sobre la lucha en contra de la injusticia alrededor del mundo. Anhelamos que la voluntad de Dios: su misericordia, su salvación, su sanidad, su abundancia— sea hecha en la tierra como se hace en el cielo. Debemos pelear para ganar. Esta es nuestra guerra.

Con todo esto en mente, pensé: *Si hay un libro poderosamente sucinto sobre tácticas militares y estrategias para la guerra física, ¿por qué no hacer un libro semejante que nos instruya a ganar guerras espirituales?* Por lo tanto así fue que nació *El arte de la guerra para la batalla espiritual.*

Sun Tzu fue un general durante los últimos años de la vida de Confucio, los hijos de Israel estaban apenas regresando a Jerusalén para reconstruir el templo gracias a Ciro el Grande, el fundador del Imperio Persa. Como el profeta Daniel se encontraba en sus últimos años, Dios estaba levantando a Edras, Hageo, Zorobabel y Zacarías entre otros como sus mensajeros a Israel. En nuestra generación está sucediendo lo mismo que en la antigüedad. Nos estamos preparando para el cambio de guardia. Una generación está pasando mientras que otra está siendo levantada. Ese momento en el mundo fue un tiempo crucial en la historia del planeta, fue un momento decisivo. Es lo mismo que está sucediendo ahora con nosotros y será lo mismo mañana con la siguiente generación de líderes. La humanidad busca un héroe y creo que los héroes de nuestra generación serán poco conocidos, poco celebrados e incluso no serán reconocidos. Serán aquellos que ganen las batallas en los confines de su aposento de oración. Estos no pelearán con pistolas y misiles. Pelearán con el arma superior de la oración.

El arte de la guerra de Sun Tzu es un libro breve dividido en trece capítulos que cubren todo desde calcular los costos de la guerra y hacer maniobras en el campo hasta cuándo atacar y cuándo retroceder, cuando permitir que el enemigo dé el primer paso y cuando esperar. Su consejo y sabiduría se expresan en breves estrofas proverbiales y listas sucintas de consideraciones importantes para enfrentar situaciones comunes. Para propósitos de este libro, he parafraseado los dichos de Sun Tzu para descubrir su relevancia para la guerra espiritual y el poder de la oración intercesora. Más que organizar estos pensamientos en trece capítulos, los he acomodado en ocho que siento que son más relevantes para el lector moderno. Estos principios enseñan las disciplinas necesarias del guerrero de oración moderno, las tácticas para organizar iniciativas de oración para recuperar ciudades y naciones de la tiranía, la crueldad y la injusticia. Además, enseñan los protocolos para hacer cumplir su autoridad a medida que libra su campaña de oración y estrategias para establecer y expandir el Reino de Dios dondequiera que usted haya sido asignado.

Este es el tiempo de reconsiderar la manera en que vemos la oración de manera que podamos recibir las órdenes de Dios, recuperar su poder personal sobre las fuerzas que van en contra del propósito, de la paz, del gozo y la prosperidad de Dios, así como reclamar los reinos de este mundo para Cristo. Estudiar los principios de Sun Tzu me dio un entendimiento y una perspectiva fresca sobre cómo batallar el mal y creo que igual le pasará a usted. Nadie va a la batalla con el propósito de perder, pero las batallas se pierden todos los días porque los enemigos con los que estamos peleando están mejor entrenados y preparados. La oración lo lleva al campo de entrenamiento, así como al gimnasio de Dios. Por medio de la oración usted rápidamente obtendrá músculos espirituales, emocionales y mentales. Dios ya nos ha asignado al mejor compañero de pelea: el Espíritu Santo. Él lo preparará para cada batalla que usted enfrente en la vida y le dará estrategias divinas que están diseñadas para llevarlo a triunfar sobre cada tiempo malo. Consulte con Él siempre que se sienta inseguro con respecto a la naturaleza de la batallas y el armamento apropiado que deba emplear. Es tiempo para una revolución de oración; las naciones de este mundo están maduras no solamente para una cosecha que dé esperanza y garantice liberación, sino también para la transformación que únicamente puede venir por medio de oraciones que sean pronunciadas con pasión, convicción, confianza, fe y sabiduría más allá de lo que jamás hayamos orado antes. La oración ferviente eficaz sin duda dará resultados excelentes. Usted deberá pelear en oración por sus seres queridos, su comunidad, su gobierno, su salud, su prosperidad, su futuro, su país, su provincia y por el destino global de la humanidad.

A medida que lea este libro, que el Espíritu de Dios lo arme con las estrategias que necesite para vencer las fuerzas que se le oponen con el fin de obstaculizar la realización de su misión en la tierra. Le pido a Dios que haga levantar una nueva valentía dentro de usted para avanzar y convertirse en el general de oración condecorado que Dios lo ha predestinado a ser. Mi oración es que Dios lo llene con el denuedo, la tenacidad, la determinación y la sabiduría que necesita para ganar las batallas de su vida.

Proclamad esto entre las naciones, proclamad guerra, despertad a los valientes, acérquense, vengan todos los hombres de guerra. Forjad espadas de vuestros azadones, lanzas de vuestras hoces; diga el débil: Fuerte soy.

—Joel 3:9–10

La oración no nos acondiciona para obras mayores; la oración es la obra mayor [...] La oración es la batalla.

—Oswald Chambers

INTRODUCCIÓN

*El arte de la guerra espiritual es de vital importancia
para el individuo, la comunidad, la nación, la iglesia y el
mundo. Es un asunto de vida o muerte, bendición o maldición, un camino a la seguridad o a la ruina. Por lo tanto
es un tema de estudio que nadie puede dejar de lado.*

—*EL ARTE DE LA GUERRA, 1:1–2, PARAFRASEADO*[1]

L A ORACIÓN ES la práctica más simple, y al mismo
tiempo, la más misteriosa de las disciplinas espirituales. En ella yace la llave maestra para todo lo
que Dios quiere para usted, y aun así ningún otro aspecto
de seguir a Dios parece más difícil de comprender. Unir
sus manos, inclinar su cabeza y dirigir sus pensamientos o
sus palabras hacia Dios es tan fácil como sentarse con un
amigo a tomar un café; lo que sucede como consecuencia
es la travesía más multifacética y desconcertante del universo. En esencia, la oración es una aventura que sobrepasa
lo que haya leído o pueda leer alguna vez en una novela
de suspenso o historia de aventuras. Es en la oración que

sondeamos las realidades espirituales, nos comunicamos con Dios, tenemos acceso al arsenal del cielo y expandimos el Reino de Dios en la tierra. Es tan fácil como apartarse a un lugar tranquilo y abrir su corazón a Dios, y tan dinámico como conectarse con el poder y la imaginación que creó el cosmos.

Nada es imposible para con Dios, así que a través de la oración nada es poco plausible. La oración le da permiso al cielo de que invada la tierra. Por medio de esta disciplina somos capaces de hacer descender el cielo para que contenga la crecida del infierno.

Usted debe darse cuenta de que Dios nunca lo abandonará, sino que siempre está presente queriendo operar su voluntad en su vida. Como dijo Teresa de Ávila: "Todas las dificultades en oración pueden ser rastreadas a una causa: orar como si Dios estuviera ausente". Dios está aquí con usted, viviendo dentro de usted, listo para liberar su Reino a través suyo, porque "el Reino de Dios está entre vosotros" (Lucas 17:21). Cada creyente está equipado con un arsenal que tiene el poder de alterar la vida y cambiar el mundo. Para los que con toda razón aprecian el privilegio de tener acceso al parque de posibilidades de Dios, cada palabra hablada a través de esa persona o por ella contiene un poder enorme, innovador, con potencial creativo y regenerativo. El Padre nos ha rogado a cada uno de nosotros que vengamos y participemos en un diálogo que pone en orden de batalla a los ángeles y libera el armamento de guerra— armamento que produce un impacto en el plano espiritual y afecta la manera en que los sucesos se devienen en el mundo natural. Él sigue esperando a aquellos que tengan la valentía de tomar el desafío y su lugar en los más altos rangos de su ejército. Dios tiene suficientes soldados rasos; lo que ahora desea son generales que paguen el precio de la dedicación y disciplina para escuchar sus estrategias divinas e implementarlas sobre la tierra.

Al entrar en oración más que batallar con los que están a su alrededor utilizando tácticas del mundo plagadas de motivaciones humanas y entremezcladas con ellas, usted indica su dependencia de Dios y su confianza en Él como la fuente de toda esperanza real. Usted reconoce que las únicas cosas que van a permanecer son las que han nacido en el centro de comando estratégico de su salón del trono. La comunicación que usted sostenga con Dios a favor de otros declara su compromiso de buscar *sus* estrategias y de interesarse en la razón de ser de *su* afecto. La comunicación de Dios con usted subraya el anticipado cambio de régimen en el que: "Los reinos del mundo han venido a ser de nuestro Señor y de su Cristo" (Apocalipsis 11:15). Demuestra su intención como creyente de aniquilar las barreras y obstáculos —lo que divide al ejército de Dios en facciones y divisiones que el diablo puede manipular y mantener ineficaces— y de rehusarse a erigir su propio trono y reino donde solamente el suyo tiene el propósito de estar. Sus momentos de oración intensa no solamente afectarán las circunstancias y condiciones actuales, sino que le darán un futuro y una esperanza.

Lo que sea que Dios dé a luz a través de usted en oración, es necesario que sea sostenido por Él. Como ve, no importa lo que los seres humanos formulen, planeen y traten de hacer por medio de sus propias estrategias sobre la tierra, ya que todo ello finalmente vendrá a ser como nada. Él es un gran Dios que creó un gran mundo para que usted haga algo grande en él. Siempre está tratando de comunicase con usted, y la oración es el medio a través del cual puede encontrarse con Él.

Hay una Gran Conversación que se está llevando a cabo. Dios está compartiendo algunas grandes ideas. Lo que usted necesita es entrar en la Gran Conversación que se está sosteniendo en el salón de guerra en este momento. Según Jeremías 7:13, Dios siempre está hablando. ¿Está usted escuchando? Si usted participa de la oración de una manera correcta, constante, fiel y persistente, Dios le permitirá escuchar esa conversación, y usted podrá oír exactamente lo que necesita hacer para avanzar de manera continua en su vida, cumplir con su propósito y maximizar su potencial.

El problema es que, como con cualquier otra forma de comunicación, interpretar lo que usted está escuchando puede ser difícil. La comunicación del cielo es precisa y eterna. No tiene ni un verdadero principio ni un discreto final. Donde vivimos, en el ambiente de un flujo masivo de estímulos constantes que compiten por nuestra atención e interpretación, la comunicación celestial se pierde con demasiada facilidad en la estática.

Por eso que es que usted debe continuamente hacer espacio en su agenda y reconfigurar sus actividades diarias para que pueda aprender el arte de la oración estratégica. Esto le permitirá sondear las profundidades del Espíritu, navegar a un nuevo terreno espiritual y conquistar viejos enemigos de su alma. Desarrollará dentro de usted la certeza de que el cielo afirma que usted ha recibido los mensajes enviados. La oración genera vallados de protección que lo mantienen a usted y a sus seres queridos a salvo, provee las estrategias del cielo que le darán la victoria, lo enteteje con otros con una fe igualmente preciosa para formar el ejército de Dios y desarrolla dentro de usted la fuerza de carácter para llevar las batallas a su fin victorioso. Sin estos principios y prácticas, usted podrá discutir con personas sobre las verdades de Dios hasta ponerse morado, y todo lo que harán será burlarse de usted, pero al utilizar su arsenal de oración, usted le otorga permiso a Dios de intervenir de manera que incluso los de corazón más duro caigan de rodillas delante de su trono.

Hay una guerra que se está librando por las almas de la tierra, y si no se ha detenido a ver últimamente, los buenos no están ganando mucho terreno en estos días. La única manera de revertir esa tendencia es luchar de nuevo como los evangelistas y los portadores de avivamiento de la antigüedad. No estoy diciendo que tengamos que volver necesariamente a sus métodos, pero necesitamos obtener las directivas estratégicas de Dios para nuestro tiempo de la misma manera que lo hicieron para el suyo. Dios está buscando líderes, generales que organicen y conduzcan ese ataque, pero primero necesita saber que cuentan con la habilidad y la disciplina del arte de la guerra espiritual. ¿Está dispuesto a hacer lo necesario para estar entre ellos?

Creo que estamos en una generación que nuevamente verá grandes generales de oración, pero no sucederá fácilmente. Como en el caso de las cinco vírgenes a las que se les acabó el aceite al esperar la venida del novio, y que por lo tanto se perdieron la celebración de las bodas, este llamado ignorará a los que no estén llenos del Espíritu hasta rebosar. ¿Será usted uno de los que se agarra de los conceptos estratégicos de guerra espiritual para cambiar su ciudad, su estado, su nación y su mundo; o, cuando Cristo llame, será sorprendido en ignorancia, sin preparación y con carencias? Dios está esperando que tome el desafío y que se convierta en un líder disciplinado en su ejército; un líder que sepa cómo emplear sus tácticas con precisión y desatar sus armas cósmicas de salvación masiva. ¿Está usted listo para enlistarse en las filas de los generales de oración de Dios? El entrenamiento comienza ahora.

> Pues aunque andamos en la carne, no militamos según la carne; porque las armas de nuestra milicia no son carnales, sino poderosas en Dios para la destrucción de fortalezas, derribando argumentos y toda altivez que se levanta contra el conocimiento de Dios, y llevando cautivo todo pensamiento a la obediencia a Cristo, y estando prontos para castigar toda desobediencia, cuando vuestra obediencia sea perfecta.
>
> —2 CORINTIOS 10:3–6

Parte uno

PREPARACIÓN y FUNDAMENTOS

El arte de la guerra espiritual, entonces, es gobernado por cinco factores constantes, que han de ser tomados en cuenta en las deliberaciones propias, al buscar determinar las condiciones para tomar el campo y ganar la batalla.

Estas son: (1) El camino; (2) el cielo; (3) la tierra; (4) el general; (5) el método y la disciplina.

—*EL ARTE DE LA GUERRA*, 1:3–4, PARAFRASEADO

Uno

LOS PRIMEROS PRINCIPIOS

Por lo tanto, en sus deliberaciones y preparaciones para la guerra, cuando busque determinar las condiciones militares, hágalo sobre la base de una comparación, como sigue:

(1) ¿Cuál de los dos soberanos está imbuido con pleno derecho de su lado?

(2) ¿Cuál de los dos generales tiene la mayor habilidad?

(3) ¿Con cuál se encuentran las ventajas derivadas del cielo y la tierra?

(4) ¿En que lado se exige rigurosamente más disciplina?

(5) ¿Cuál ejército es más fuerte?

(6) ¿En qué lado los oficiales y los hombres se encuentran más altamente capacitados?

(7) ¿En qué ejército es mayor la constancia tanto en recompensa como en castigo?

Por medio de estas siete consideraciones puedo pronosticar la victoria o la derrota.

—*El arte de la guerra*, 1:12–14, parafraseado

E N EL LIBRO de los Hechos, las últimas palabras de Jesús a la Iglesia antes de ascender al cielo fue una orden directa que debe ser llevada a cabo antes de su regreso:

> Y estando juntos, les mandó que no se fueran de Jerusalén, sino que esperasen la promesa del Padre [...] pero recibiréis poder, cuando haya venido sobre vosotros el Espíritu Santo, y me seréis testigos en Jerusalén, en toda Judea, en Samaria, y hasta lo último de la tierra.
>
> —HECHOS 1:4, 8

Fue una orden estilo militar de ir y tomar territorio para Dios y expandir su Reino alrededor de la tierra, pero solamente una vez que hubieran recibido el poder y las estrategias de la sala de guerra del cielo. Dios estaba listo para soltar su Reino y su divino poder sobre la tierra. Hasta nuestros días, más de dos mil años después, este mandamiento todavía no se ha cumplido completamente.

Quizá se pregunte: "¿Qué es exactamente el Reino de Dios?". El Reino de Dios es simplemente cualquier lugar en el que se lleve a cabo la voluntad de Dios sobre la tierra como se lleva a cabo a través de las administraciones del cielo. Si uno busca entender el Reino de Dios, primero deberá aprender lo que se quiere decir con el concepto mismo. Se ha vuelto casi un eslogan en el Cuerpo de Cristo sin que mucha gente realmente comprenda el concepto detrás de él o viva su justa autoridad.

A lo largo del tiempo, el verdadero significado del Reino de Dios ha sido ensombrecido por las convenciones religiosas del cristianismo, las denominaciones y las tradiciones humanas, a través de lo cual se obstaculiza la *verdadera* libertad de los creyentes. Tomemos un poco de tiempo para verdaderamente entender lo que Dios quería decir en realidad con este fenómeno llamado *el Reino*.

El Reino de Dios es un reino literal, espiritual, accesible solamente a los creyentes nacidos de nuevo. Este Reino engloba el poder y los recursos esenciales para el creyente en caso de que él o ella desee lograr la manifestación del cielo en la tierra (consulte Génesis 2:4–5). Se puede comprender mejor desde una perspectiva análoga de los sistemas cosmológicos naturales del universo.

En el Reino de los Cielos, la experiencia terrenal del creyente está llena con la esencia de la justicia que es Dios. Es un plano espiritual en el que los creyentes tienen el privilegio de existir y funcionar en niveles prósperos al mismo tiempo de vivir físicamente en la tierra. Esta vida es vivida con la perspectiva que Dios tuvo originalmente al principio; esto es, cumplir con el mandato original de Dios a la humanidad como se encuentra presentado en Génesis 1:28; que hemos de tener dominio sobre la tierra.

El Reino de Dios tiene sus propias características únicas, que consisten en justicia, paz y gozo en el Espíritu Santo. Engloba otros innumerables principios, no obstante, estos tres conceptos son, en su mejor expresión, una sumatoria de lo que el Dios omnisciente tenía en mente para sus reyes terrenales a quienes les dio el dominio completo sobre todo lo que existe en la tierra.

Como se dijo anteriormente, solamente pueden tener acceso y experimentar este estilo de vida los que tienen fe en la vida, ministerio, muerte y resurrección de Jesucristo, el Hijo de Dios. Según Lucas 17:20, este Reino no se puede percibir por el ojo natural, porque es el gobierno soberano de nuestro Dios *invisible* por medio de sus ciudadanos en el plano terrenal.

Para lograr los máximos beneficios que Dios quiere, debemos movernos de meramente *sobrevivir* y de conformarnos con estilos de vida mediocres a *vivir* abundantemente. Dios no quiere que su pueblo viva debajo de su potencial. Encontramos evidencia de esto en el Antiguo Testamento y fue más tarde manifestado y maximizado en el ejemplo perfecto de Jesucristo mientras vivió en la tierra.

Jesucristo proclamó enfáticamente el Reino de Dios. Ya que Él promovió tan apasionadamente el estilo de vida del Reino, es sabio, por decir lo menos, buscar y obtener todo lo que Él quiere y ha planeado para su vida desde el principio de los tiempos.

Cristo nos ha instruido como creyentes que sobre todas las demás preocupaciones busquemos el Reino. Debería ser el epítome de nuestras prioridades. En este Reino demostramos nuestra realeza y manifestamos nuestra autoridad.

Abra el espíritu de su mente y permita que esas leyes del Reino —que están basadas en los principios encontrados en la Palabra de Dios— se planten firmemente en la tierra fértil de su corazón. Entonces, y solamente entonces, el Reino se puede comprender internamente y, de manera subsiguiente, cumplirse a través de su existencia como un embajador del Reino en la tierra.

La ignorancia es el enemigo

El mayor enemigo de la Iglesia no es el pecado sino la ignorancia. La meta número uno de Satanás es mantenerlo ignorante con respecto al Reino, como está escrito en Oseas 4:6:

> Mi pueblo fue destruido, porque le faltó conocimiento. Por cuanto desechaste el conocimiento, yo te echaré del sacerdocio; y porque olvidaste la ley de tu Dios, también yo me olvidaré de tus hijos.

Así como Satanás desafió a Jesús en Mateo 4, es lo que está sucediendo hoy con la Iglesia. El punto clave de confrontación tiene que ver con el Reino, porque es literalmente el gobierno de Dios sobre la tierra a través del hombre: Sus representantes terrenales.

Piénselo por un momento.

¿Qué gobierna el cielo? La voluntad de Dios tal como está expresada en sus leyes y principios. ¿Hay enfermedad en el cielo? No. ¿Hay esclavitud, trata de blancas, adicción a las drogas o al alcohol, opresión, hambruna, guerra, niños soldados, persecución, terrorismo, desnutrición, bancarrota o agua insalubre en el cielo? No. Le digo algo más: el cielo no necesita orfanatos o juzgados familiares, porque tampoco allá representan un problema. Lo que está desgarrando nuestro mundo no existe en el cielo, porque la voluntad de Dios es tan accesible allá como respirar el aire para nosotros acá.

La siguiente pregunta es, ¿qué gobierna la tierra? Mientras el hombre no tome su posición, postura y lugar en Dios por medio de la oración, el mal y los seres humanos malos gobernarán. Aquí se encuentra un desafío: *Usted debe levantarse y tomar su lugar de manera que a través de usted Dios pueda restaurar orden, paz, justicia, moralidad, ética, gobierno justo, salud y sanidad.*

Aunque todos tenemos trasfondos raciales y étnicos distintos y provenimos de diferentes tipos de familias, nuestras emociones y pasiones tienen algo en común: responden a la condición humana y a los desafíos de la vida, a las dificultades y a las decepciones en maneras sumamente similares. Dios plantó dentro de cada uno de nosotros el deseo de marcar una diferencia en nuestro mundo; una diferencia que traiga bien y no daño, paz y no contienda, prosperidad y no pobreza. Pero demasiado pocos se dan cuenta de que el trabajo fundamental para este estilo de vida vencedor comienza en nuestro lugar de oración. Ese es el lugar de capacitación y preparación. Es el campo de entrenamiento para vencer. Así como alguien que no ha sido instruido en el arte de la espada no la puede blandir hábilmente, nadie en esta tierra puede utilizar correctamente la Palabra de Dios sin haber sido capacitado por el Maestro mismo. La oración es ese lugar de entrenamiento, y también es el lugar para vencer. Estas son batallas que siguen librándose por los pueblos de la tierra, y esas batallas se pelean en el plano espiritual antes de que se manifiesten en el natural. Le recuerdo que el plano espiritual es el plano causal. Si usted prevalece en el Espíritu, usted ganará en lo natural. Si usted puede aprender el arte de la victoria por medio de la intercesión, entonces las luchas que roban las almas de la humanidad no tienen ni siquiera por qué manifestarse.

Por lo tanto, al considerar enlistarse en las fuerzas del ejército de Dios para establecer su Reino en la tierra, usted necesita calcular el precio. Usted necesita tomar algunas consideraciones iniciales y la situación de ambos lados y ver qué necesita hacer para obtener la victoria. Para Sun Tzu, esto se reduce a las respuestas a siete preguntas:

1. ¿Cuál de los dos soberanos está imbuido con pleno derecho de su lado?

2. ¿Cuál de los dos generales tiene la mayor habilidad?

3. ¿Con cuál se encuentran las ventajas derivadas del cielo y la tierra?

4. ¿En que lado se exige rigurosamente más disciplina?

5. ¿Cuál ejército es más fuerte?

6. ¿En qué lado los oficiales y los hombres se encuentran más altamente capacitados?

7. ¿En qué ejército es mayor la constancia tanto en recompensa como en castigo?

Algunas de las respuestas son fáciles. (1) Dios tiene derecho de su lado sobre nuestro adversario, (5) el ejército de Dios es más fuerte y (7) Dios es "galardonador de los que le buscan" (Hebreos 11:6). ¿Pero y lo demás? ¿Nuestros generales de oración tienen mayor habilidad para pelear por el bien que los que son seducidos por Satanás para establecer reinos de maldad? ¿Qué lado es mejor para usar su autoridad bajo el cielo y sobre la tierra? ¿Qué lado es más disciplinado en lo que está haciendo? ¿De qué lado los oficiales y los soldados están mejor capacitados y entrenados para establecer la voluntad de su amo sobre la tierra? Mientras que nosotros como cristianos tenemos todo el poder detrás de nosotros, ¿qué tan bien estamos actuando en esa autoridad? La determinación de si seremos victoriosos o derrotados depende de las respuestas honestas a estas preguntas. Somos vencedores, ¿pero estamos venciendo? Por lo tanto, el problema no es el poder de nuestro Dios, sino lo disciplinados y preparados que estemos para ganar las batallas de nuestra guerra espiritual en oración.

Pensar en estas preguntas me recuerda lo que sucedió con el General de los EE.UU., George Patton, durante la Segunda Guerra Mundial. Patton demostró la necesidad de la preparación física y espiritual para ganar las batallas que enfrentamos, y en este caso fueron batallas literales contra el mal. A principios de diciembre de 1944, el Sexto Ejército Panzer Alemán estaba haciendo un intento desesperado por recuperar el territorio perdido en Francia por medio de ataques sorpresa a un frente de ciento cuarenta y dos kilómetros que estaba siendo sostenido apenas por las Fuerzas Aliadas. Estaban haciendo incursiones en medio de las lluvias pesadas, las densas brumas y las polvaredas húmedas que apagaban el sonido de sus motores, bloqueaban el sol y reducían la visibilidad a solamente unas pocos metros, lo cual mantenía los aviones Aliados en tierra y a sus fuerzas aisladas. Bajo esta cubierta, los tanques nazis fácilmente penetraron algunas divisiones que mantenían el frente en Luxemburgo abriéndose paso al sur. El mal clima era una ayuda increíble para los líderes del Eje y Patton sabía que si estas tropas iban a ser repelidas, los cielos tendrían que aclararse o los Aliados tendrían pocas posibilidades de determinar dónde sería el siguiente ataque panzer. Estas lluvias habían estado plagando las líneas entre Francia y Alemania desde septiembre.

Así que, en la mañana del 8 de diciembre, el general Patton, quien era episcopal y estaba acostumbrado a las oraciones escritas, llamó al capellán del Tercer Ejército diciendo: "Este es el general Patton. ¿Tiene una buena oración para el clima? Tenemos que hacer algo con estas lluvias si es que vamos a ganar la guerra". El capellán que tomó la llamada no encontró una oración específica sobre el clima en los libros de oración que tenía a la mano, así que compuso lo siguiente:

> *Poderoso y muy misericordioso Padre, humildemente te buscamos, tú de gran bondad, para que contengas estas lluvias inmoderadas con las que tenemos que contender. Concédenos buen clima para la batalla. Amablemente escúchanos como soldados que clamamos a ti, que armados con tu poder, podamos avanzar de victoria en victoria y aplastar la opresión y maldad de nuestros enemigos y establecer tu justicia entre los hombres y las naciones. Amén.*

A causa de la época del año, el capellán también añadió una felicitación navideña. Cuando el general la aprobó, giró la instrucción: "Impriman doscientas cincuenta mil copias, y asegúrense de que cada hombre en el Tercer Ejército tenga una". Entonces el capellán dirigió la atención del general a la felicitación del reverso y dijo: "Si el general firmara la tarjeta, añadiría un toque personal que estoy seguro le gustaría a nuestros hombres".

Sonriendo por el gesto, el general se aproximó a su escritorio, tomó una pluma y firmó el mensaje navideño. Cuando devolvió la tarjeta, dijo: "Capellán, siéntese un momento. Quiero hablar con usted acerca de este asunto de la oración". Se acercó a la ventana y miró hacia la constante lluvia. Era una figura impresionante de un metro ochenta y cinco con amplios hombros musculares y vestido con su uniforme, lo cual mostraba la disciplina y pulimento de un soldado dedicado.

—Capellán, ¿cuánto está orando el Tercer Ejército?

—¿Se refiere el general a los capellanes o a los hombres?

—A todos "respondió".

Pensó un momento y el capellán respondió:

—Temo admitirlo, pero no creo que se esté orando mucho. Cuando peleamos, todos oran, pero ahora con esta lluvia constante, cuando las cosas están tranquilas, peligrosamente tranquilas, los hombres solamente se sientan a esperar que las cosas sucedan. La oración allá afuera es difícil. Tanto los capellanes como los hombres se encuentran lejos de un edificio especial con un campanario. La oración para la mayoría de ellos es un asunto formal y ritual, que tiene que ver con una postura especial y un ambiente litúrgico. No creo que se esté orando mucho.

El general regresó a su escritorio, se sentó, se recargó en su silla y comenzó a jugar con un lápiz que había encontrado allí.

"Capellán, soy un fuerte creyente en la oración. Hay tres maneras en que la gente obtiene lo que quiere: planeando, trabajando y orando. Cualquier gran operación militar requiere planificación y consideración cuidadosa. Luego uno debe tener tropas bien entrenadas para llevarla a cabo: eso es trabajar. Pero entre la planificación y la oración siempre hay un imponderable. Ese imponderable es clave para la derrota o la victoria, el éxito o el fracaso. Es la reacción de los actores al desafío cuando realmente viene. Algunas personas le llaman a esto *obtener las oportunidades*. ¡Yo lo llamo *Dios!* Dios tiene su parte, o margen, en todo, y allí es donde entra la oración. Hasta ahora, en el Tercer Ejército, Dios ha sido sumamente bueno con nosotros. Nunca hemos retrocedido; no hemos sufrido derrotas, ni hambre, ni epidemias. Esto es porque mucha gente en casa está orando por nosotros. Tuvimos suerte en África, en Sicilia y en Italia simplemente porque la gente oró. Pero nosotros también tenemos que orar. Un buen soldado no está hecho meramente para pensar y trabajar. Hay algo en cada soldado que va más profundo que pensar o trabajar y son sus *entrañas*.

Algo que ha desarrollado aquí dentro: es un mundo de verdad y poder que es más alto que sí mismo. Vivir con excelencia no es únicamente el resultado de pensar y trabajar. Un hombre también necesita recibir. No sé cómo lo llame usted, pero yo lo llamo religión, oración o Dios".

Habló brevemente acerca de Gedeón y de hombres que él había conocido que sentían que siempre debían estar en oración o que de otra manera se resquebrajarían, y siguió: "Me gustaría que emitiera una carta de capacitación sobre el tema de la oración para todos los capellanes. No escriba acerca de ninguna otra cosa más que de la importancia de la oración. Déjeme verla antes de que la envíe. Tenemos que hacer que no solamente los capellanes oren sino cada hombre en el Tercer Ejército. Debemos pedirle a Dios que detenga estas lluvias. Estas lluvias son el margen que define la derrota o la victoria. Si todos oramos será como lo que dijo el Dr. Carrel (el Dr. Alexis Carrel había sido citado en la prensa unos días antes describiendo la oración 'como una de las formas más poderosas de energía que el hombre puede generar'), será como conectar una corriente cuya fuente esté en el cielo. Creo que la oración cierra el circuito. Es poder".

En los días siguientes, entre el 11 y el 14 de diciembre, se distribuyeron entre los soldados un cuarto de millón de tarjetas de oración y se enviaron 486 cartas de capacitación a los capellanes del Tercer Ejército. Del 16 al 19 de diciembre, los hombres pelearon valientemente contra un enemigo casi invisible en las lluvias, y el 19, el Tercer Ejército se dirigió al norte para enfrentarse al ataque de las divisiones panzer. Aunque continuaron las lluvias y se pronosticó mal clima, se abrieron los cielos el 20 y la neblina se dispersó. Durante una buena parte de la semana los cielos permanecieron brillantes y claros, creando el clima perfecto para que volaran miles de aviones con el fin de moler a los alemanes a la derrota, así como para cortar las probabilidades de la llegada de refuerzos.

Cuando el general volvió a ver al capellán en enero de 1945 simplemente dijo: "Bueno, padre, nuestras oraciones funcionaron. Yo sabía que funcionarían". Luego le dio un golpecillo en uno de los costados del casco con su fuete para subrayar su gratitud por la ayuda del capellán.[1]

Como creyentes, ¿estamos listos para resistir como generales de oración con esta misma fe, planificación y trabajo a la cabeza del ejército de Dios para organizar a sus tropas para traer con oración la voluntad de Dios a nuestro mundo con este mismo entusiasmo? ¿Estamos igual de preparados y disciplinados, pero todavía en dependencia de Dios para marcar una diferencia? Antes de que podamos esperar llegar a estos éxitos, debemos primero desarrollar una vida de oración vencedora propia.

UNA VIDA DE ORACIÓN VENCEDORA

Con el fin de tener una vida de oración vencedora, saber que estos conflictos y guerras se están librando en contra de toda la humanidad, no solamente contra nosotros, ayuda a darnos perspectiva. No estamos enfrentando ninguna dificultad "que no sea humana" (1 Corintios 10:13). Si entendemos esto, entonces somos más capaces de perseverar en oración, sabiendo que la conmoción que vemos es el pan diario de Satanás y que Dios lo ha vencido en ello millones de veces antes. Este conocimiento nos ayuda a contender con las dificultades y nos da la fe que necesitamos para vencerlas.

Pero mientras que la victoria es siempre del Señor, no se manifestará en la tierra si usted como creyente no pelea por ella. Este es su momento en la tierra para ver que la voluntad de Dios se haga bajo su supervisión. Usted, que tiene jurisdicción sobre la tierra mientras esté aquí, debe pararse en la brecha y decirle a Satanás: "No, no voy a permitir ninguno de tus negocios sucios aquí". Orar sinceramente —y finalmente de manera victoriosa— en tales asuntos es luchar en el espíritu por medio del dominio de las técnicas y disciplinas de la oración. Al orar sinceramente, se ejerce una fuerte cantidad de energía que lo impulsa constantemente hacia adelante para obtener el objeto de su fe. La mayor obra que Jesús dijo que usted podrá hacer no se llevará a cabo primero con las manos extendidas hacia los demás, sino será hecha primero con las manos unidas en oración y las manos extendidas a Dios.

Usted comete un error si subestima la tenacidad necesaria para ganar tales batallas. Las peleas frecuentemente son tan prolongadas que se sentirá tentado a intentar —e intentará— hacer cualquier cosa en lugar de perseverar en oración hasta obtener la victoria. La respuesta al dolor de la adicción a las drogas, la infidelidad marital, el desempleo, la indigencia, la prostitución o cualquier cantidad de los otros males que necesitan ser vencidos en nuestro mundo requieren desmantelar lo viejo y establecer lo nuevo. En el momento en que se pronuncia una oración, las huestes angelicales se mueven a través de las atmósferas a favor de la oración u oraciones, desarraigando y derribando fortalezas afianzadas que han desatado el desastre en la gente. Entonces Dios meticulosamente planta y cultiva, una por una, las respuestas para contrarrestar estos males, hasta que todo se alinea con su voluntad. Así como tomó un tiempo largo para que el enemigo hilara sus redes diabólicas y atrapara a la gente en ellas, también tomará tiempo desenredar y reposicionar a la gente para recibir las bendiciones del Señor. Por lo tanto, debemos orar paciente, persistente y apasionadamente. Al permanecer firmes en oración sobre tales asuntos hasta que la respuesta llegue no solamente es la clave para la victoria, sino que también hace madurar nuestra fe de maneras que ninguna otra práctica puede.

Con el fin de tomar los campos de batalla que Dios nos ha asignado, necesitamos con perseverancia y paciencia conectarnos con su centro de mando de esta misma manera. Necesitamos estar constantemente conectados con la Gran Conversación que se está llevando a cabo en los lugares celestiales, sintonizando la frecuencia del cielo y escuchando lo que Dios está transmitiendo con respecto a su voluntad y las maneras de hacer que su bondad se manifieste en la tierra.

Tampoco estoy hablando solamente de milagros. Los milagros son maravillosos, pero ¿sabe qué? El cielo no necesita milagros para hacer las cosas bien. Los sistemas del cielo simplemente funcionan de la manera que deben operar. La voluntad de Dios en la tierra se vería más como una escuela o un hospital que como un avivamiento de sanidad. Se podría ver como una iglesia que además funge como centro comunitario para ayudar a la gente a encontrar empleo cuando lo necesita o que le enseñe inglés a los inmigrantes con tanta facilidad como podría abrir milagrosamente las puertas de la prisión a medianoche como sucedió en los tiempos bíblicos. Aunque usted no lo crea, la mayoría de los servicios sociales que ofrecen los gobiernos actuales: oficinas de desempleo, clínicas de salud, centros de capacitación para el trabajo, escuelas, grupos de defensa de condiciones seguras de trabajo y la abolición del trabajo infantil y demás comenzaron como esfuerzos de alcance de ministerios cristianos. Tales ministerios, de esencia integral, buscaban tender una mano para ayudar a la gente en espíritu, alma y cuerpo. Necesitamos una perspectiva similar en la actualidad. Nuestras iglesias nuevamente necesitan ser una fuente generadora que se conecte con las comunidades y las mejore, y que no solamente sea un lugar donde cantar, aplaudir y escuchar una "buena palabra" o un reporte de lectura dominical matutino.

¿Pero cómo vamos a hacer que las iglesias recuperen ese tipo de relevancia? Una vez más, necesitamos volvernos maestros en ganar batalles en el plano espiritual, de manera que la voluntad de Dios se haga en el plano natural a nuestro alrededor con tanta facilidad como se hace en el cielo.

La oración no puede ser una moda o tendencia pasajera. El poder viene a través de la oración constante. Cuando un grupo de ministros estadounidenses visitaron al pastor Charles Spurgeon a finales del siglo XIX, les ofreció una visita guiada por las instalaciones de la iglesia. Los llevó al impresionante santuario y alrededor de los muchos edificios del complejo y luego les preguntó si querían ver el generador, el cuarto de máquinas del ministerio. Pensando que sería de suma poca importancia, los visitantes trataron amablemente de declinar, pero Spurgeon insistió. Así que los condujo por una escalera más bien ordinaria hacia el sótano de la iglesia, luego por un pasillo a un cuarto con la puerta cerrada. Cuando la abrió en lugar de encontrar la tubería y la caldera que estaban esperando, descubrieron cien o más personas sobre su rostro en oración. "Este —dijo Spurgeon con una sonrisa— es mi cuarto de máquinas".[2]

Cuando se le preguntó a Spurgeon el secreto de su éxito, le dio el crédito de su éxito a los miembros de su iglesia que estaban en oración.[3] ¿Cuál es el centro de poder de las iglesias actuales? Los inexpertos o que son nuevos a la vida en Cristo con frecuencia piensan que ganar batallas espirituales es tan fácil como pedir. Gracias a Dios que en muchas ocasiones la respuesta viene inmediatamente. Pero no se deje engañar por los éxitos fáciles. ¡Satanás no ignora los métodos de Dios y el poder de la oración! Lo último que quiere es que los creyentes practiquen las campañas de oración a largo plazo necesarias para desmantelar su imperio de codicia, odio, dolor, sufrimiento y engaño. Por esta causa no tiene problemas para permitir algunas respuestas de vez en cuando. Así que, usted viene a Cristo, y ora por el dinero de la renta en un servicio, y alguien le entrega un cheque antes de irse. Es bendecido y obtiene la más alta calificación en un examen. O se encuentra en un viaje de misiones a corto plazo y ora por el pie de un niño para que se enderece y deje de estar cojo, y justo delante de sus ojos el niño deja de caminar con una muleta y ahora está danzando y corriendo y brincando. ¡Gloria a Dios!

Pero lo que quiero que vea aquí es que a Satanás no siempre le conviene evitar que esas oraciones sucedan. Si así fuera, quizá usted oraría con mayor determinación. Así que lo que prefiere hacer es dejar que usted se convenza de que la oración siempre debería ser así de fácil, de ese modo usted no aprende a perseverar en ella. Usted orará por algo algunas veces, pero al no manifestarse la respuesta como antes, usted comienza a cuestionar las cosas. Se pregunta si su fe no es lo suficientemente fuerte, o si ha interpretado las Escrituras correctamente, o se convence de que simplemente no es la voluntad de Dios. Así que su determinación flaquea. Comienza a elevar su apuesta orando artificialmente cosas como: "Que se haga tu voluntad", para que si la oración no es contestada le pueda echar la culpa a la voluntad de Dios más que a cualquier otra cosa que estaba bajo su control.

Satanás sabe que si puede hacer que se convenza a usted mismo de que todo lo que viene de Dios es siempre espectacular y sencillo, entonces usted comenzará a dejar de lado lo espiritual a favor de trucos y artilugios. Usted será llevado —por doquiera de todo viento de doctrina, por estratagema de hombres que para engañar emplean con astucia las artimañas del error— (Efesios 4:14). Seguirá siendo un niño que piensa que todo lo bueno de la vida viene en su cumpleaños o en Navidad, y nunca aprenderá a trabajar por nada. *A Satanás realmente no le importa que usted se vuelva cristiano y que sea bendecido de vez en cuando; toda vez que pueda evitar que usted entienda como ejercer su autoridad en Cristo.* A causa de esto, no le importa dejar pasar una oración aquí y allá, siempre y cuando lo convenza de que la oración es una máquina expendedora en la que uno inserta su fe, oprime un botón y de inmediato llega la respuesta. De hecho, probablemente lo haga reír, porque a medida que usted brinca de emoción, él se está imaginando sus dudas y desánimo cuando más tarde obstaculice algo mayor por lo cual usted ore; porque sabe que usted se va a rendir a pocos metros de verlo manifestarse.

Como puede ver, lo que Satanás realmente no quiere es un creyente persistente, metódico, inoportuno *que crea en la oración*. No quiere a alguien tan tenaz y disciplinado en oración que una vez que esa persona comience a orar, Satanás lo sabe, sin importar lo mucho que obstaculice la respuesta, no tenga esperanza de ganarle. Si tuviéramos más cristianos que oraran así, entonces habría un desmantelamiento inevitable, paso a paso, día a día, del reino de las tinieblas que este jamás podría resistir. El fin de su reino de cautiverio, enfermedad, deformidades y tormento emocional sería determinado. Así que él se siente bastante contento de hacernos pensar que las cosas grandes están en realidad solamente en manos de Dios, de manera que nunca tenemos la necesidad de preocuparnos más allá de nuestras necesidades y de las de nuestra familia inmediata.

¿Se le hace difícil de creer? Bueno, entonces considere la historia de Daniel. En ninguna otra parte de la Biblia vemos tantas intrigas en contra de una persona para que dejara de hacer algo: el objetivo era simplemente evitar que este hombre orara tres veces al día. Sadrac, Mesac y Abed-Nego fueron echados en un horno de fuego ardiente, ¿por qué? Por algo que hacían regularmente con Daniel.

Daniel fue echado en el foso de los leones ¿por qué? Porque abría las ventanas de par en par y oraba sin ninguna pena. Aun así no vemos que Daniel realice milagros como los de Moisés. No hubo plagas de liberación sobre los caldeos como sobre los egipcios. No. Más bien vemos a un simple profeta de Dios que oró de manera sistemática tal que nada lo podía disuadir de hacerlo, y generó la liberación de Israel de Babilonia.

Busque la historia en Daniel 9. Daniel está leyendo en el libro de Jeremías en uno de sus tiempos de oración e hizo un descubrimiento. Según Jeremías, Dios dijo que el exilio de Israel solamente duraría setenta años. Daniel es un hombre viejo en este momento, así que comenzó a contar sus cumpleaños: "Veamos, fui llevado al exilio cuando era un muchacho de tal edad, y ahora tengo tantos años; ¡eso es más de setenta años!". Eso fue todo, una promesa en la Escritura, *¡que no se había cumplido!* ¿Entonces qué hizo Daniel? Empezó a buscar a Dios en oración y ayuno para averiguar qué estaba pasando. Comenzó confesando sus pecados y los pecados de Israel y presentó su petición al cielo, inquiriendo la razón por la que no se había cumplido la promesa de Dios. Recibe una visión de parte del Señor acerca del futuro, pero no es la respuesta que está buscando, así que permanece en oración. Recibió otras visiones, cosas increíbles y asombrosas, pero nuevamente no eran la respuesta a su pregunta, así que siguió orando. Luego, finalmente, después de tres semanas, un ángel se le apareció a Daniel diciendo:

> Daniel, no temas; porque desde el primer día que dispusiste tu corazón a entender y a humillarte en la presencia de tu Dios, fueron oídas tus palabras; y a causa de tus palabras yo he venido. Mas el príncipe del reino de Persia se me opuso durante veintiún días; pero he aquí Miguel, uno de los principales príncipes, vino para ayudarme, y quedé allí con los reyes de Persia. He venido para hacerte saber lo que ha de venir a tu pueblo en los postreros días; porque la visión es para esos días [...] El me dijo: ¿Sabes por qué he venido a ti? Pues ahora tengo que volver para pelear contra el príncipe de Persia; y al terminar con él, el príncipe de Grecia vendrá. Pero yo te declararé lo que está escrito en el libro de la verdad; y ninguno me ayuda contra ellos, sino Miguel vuestro príncipe.
>
> —Daniel 10:12–14, 20–21

En el mismo momento en que Daniel comenzó a orar, Dios envió a su mensajero, pero de inmediato se topó con interferencia demoníaca, y le tomó veintiún días de lucha poder pasar con la respuesta. Satanás permitió que otras revelaciones pasaran, esperando que Daniel quedara tan fascinado por ellas que se olvidará de lo que estaba pidiendo, pero cuando Daniel persistió las fuerzas de Satanás fueron finalmente derrotadas. Daniel recibió su respuesta, y en ese mismo año, según algunos eruditos, el rey Ciro decretó que se reedificara el templo en Jerusalén (consulte Esdras 1:1–4). Fue el primer paso hacia el retorno de Israel a la Tierra Prometida.

Algo similar ocurrió con Rees Howells, un intercesor de Gales a principios del siglo XX. Él había sido el precursor de un esfuerzo de alcance misionero sumamente exitoso entre los mineros locales de carbón, de los cuales él era uno de ellos, pero a lo largo de muchos de los meses siguientes su compatriota más cercano en la misión estaba considerando dejarla porque no quería hacerle *segunda* a Rees. Rees puso el asunto en oración y Dios respondió de manera sucinta: Rees debía entregarle el liderazgo de la misión a su amigo, dejar el púlpito y meterse tras bambalinas para convertirse en un intercesor y orar que la misión tuviera un éxito mucho mayor en manos de su amigo que el que había tenido en las suyas. Rees finalmente aceptó de mala gana y la misión explotó en asistencia en los meses siguientes.

Dios le dio a Rees, después de eso, un desafío que parecía todavía más oscuro. Debía orar por el hijo de un benefactor que se había ido a la guerra y que se había separado de Dios. Rees estuvo de acuerdo en que oraría que el joven oficial no regresara al frente sin haberse vuelto a Dios. Esta oración no fue contestada en cuestión de horas ni tampoco de días. El turno de Rees en la mina de carbón era de las 7:00 a.m. a las 4:30 p.m., seis días a la semana. Luego regresaba a casa, cenaba e invertía de 6:00 p.m. a 9:00 p.m. en sus rodillas delante de Dios leyendo su Biblia y orando por el joven. Hizo esto durante seis meses. En ese tiempo, el hijo de este hombre recibió licencia del ejército y se mudó a Canadá, sin regresar todavía al frente, ni a Dios. Finalmente, Rees recibió la convicción en su corazón de que su intercesión había sido respondida, dejó su vigilia para orar por otras cosas y le dijo a su benefactor que la obra había sido hecha en el espíritu. No obstante, pasarían otros doce años antes de que la salvación del hombre se manifestara y le entregara nuevamente su vida a Dios. Sucedió unas semanas antes de que su padre muriera. En todo ese tiempo Rees nunca se movió de la convicción de que la salvación del hombre ya se había logrado en el cielo como Dios le había prometido en oración.[4]

Otro ejemplo sería una parte que se nota poco en la historia de la Navidad, del día justo después de Año Nuevo en el que Jesús fue presentado en el templo para ser consagrado a Dios.

> Y he aquí había en Jerusalén un hombre llamado Simeón, y este hombre, justo y piadoso, esperaba la consolación de Israel; y el Espíritu Santo estaba sobre él. Y le había sido revelado por el Espíritu Santo, que no vería la muerte antes que viese al Ungido del Señor [...] Estaba también allí Ana, profetisa, hija de Fanuel, de la tribu de Aser, de edad muy avanzada, pues había vivido con su marido siete años desde su virginidad, y era viuda hacía ochenta y cuatro años; y no se apartaba del templo, sirviendo de noche y de día con ayunos y oraciones. Esta, presentándose en la misma hora, daba gracias a Dios, y hablaba del niño a todos los que esperaban la redención en Jerusalén.
>
> —Lucas 2:25–26, 36–38

Tanto Simeón como Ana fueron bendecidos por Dios para ver a Jesús antes de morir ellos, pero ¿por qué? ¿Por qué y cuándo —en ese caso— les dijo Dios que verían al Mesías antes de morir? La única respuesta lógica era mientras estaban en oración, y lógicamente, otra vez, al estar orando porque el Mesías naciera en la tierra. ¿Desde cuándo habían estado orando? Según este pasaje Ana había estado viviendo y orando en el templo durante *ochenta y cuatro años*. Eso no significa que no dormía, pero sí que la ocupación principal de su tiempo era la oración. Al estar escribiendo esto, Lucas se tomó el tiempo de mencionar que su padre era *Fanuel*, un nombre extraordinariamente semejante a *Peniel* en hebreo, el lugar donde Jacob luchó toda la noche con Dios y recibió el nombre de *Israel,* que significa "un príncipe de Dios" o "el que tiene autoridad con Dios" (consulte Génesis 32:22–30). Parece que Dios no podía enviar a su propio Hijo a la tierra sin que alguien orara por ello.

Podría relatarle otras historias —y lo haré más adelante— pero espero que estas sean suficientes para que usted pueda ver que hay una manera de lograr cosas en los lugares celestiales que va más allá de meramente presentarle nuestras peticiones a Dios. Es una forma más segura, pero también más difícil que no es para los débiles de corazón. No obstante, las recompensas son ilimitadas. Al invertir tiempo constante, enfocado y ferviente en oración, conociendo a Dios, discerniendo su voz y caminando en sus caminos se vuelve tan íntimo para nosotros como conocer a los que viven con nosotros en nuestra casa. Nos abre a comprender los misterios de Dios y le permite a Dios revelarnos las estrategias exactas para orar por personas específicas, hacer crecer nuestras iglesias, cambiar nuestras comunidades y soltar el Reino de Dios en la tierra. También permite que la sabiduría de Dios se nos pegue con respecto a la manera en que debemos conducir nuestros negocios o llevar a cabo nuestro trabajo, cómo invertir y administrar nuestro dinero, y lo que necesitamos para cultivar nuestras relaciones y disciplinarnos para que nuestro cuerpo esté fuerte y en buena forma.

Muchas personas piensan que entrar en este nivel de guerra espiritual es algo solamente para unos pocos escogidos, pero no hay ningún *don de oración u oficio de intercesor* mencionado en la Biblia. Esto significa que cada uno de nosotros tenemos una parte qué realizar al manifestar el Reino de Dios en la tierra. La oración es un llamado al deber, una práctica y un principio para todo el que pertenece a Cristo. Después de todo, si Él es nuestro *Señor*, ¿cómo podemos honrar su señorío si no nos comunicamos con Él diariamente? Ciertamente, cada uno seremos dirigidos a orar en diferentes maneras y con distinta intensidad, pero la oración es una disciplina tan fundamental como leer las Escrituras u obedecer la ley del amor. Es el lugar de aprendizaje para conocer la voz de Dios y comunicarnos con Él de manera que Él nos pueda enseñar y facultarnos para vivir como sus representantes en la tierra. Es la clave de nuestro éxito para ganar las batallas en cada esfera de la vida. Por eso es que debemos convertirnos en personas que vivan un estilo de vida de oración.

El pueblo que conoce a su Dios se esforzará y actuará.
—Daniel 11:32

Dos

EL *TAO* DE LA ORACIÓN

*El camino, la ley moral o la verdad es lo que hace que
la gente esté de acuerdo con sus líderes; es a lo que dedi-
can su vida, para bien o para mal, y les da un propósito del que ni siquiera el peligro los podrá desviar.*

—*El arte de la guerra*, 1:5–6, parafraseado

L A ÉPOCA EN que Sun Tzu vivió fue de agitación
tanto espiritual como física en China. Mientras una
provincia libraba guerras contra otra, luchando por
dominio y riqueza, los filósofos como Confucio también
recorrían los campos como los profetas del Antiguo Testamento predicando que el liderazgo no se basaba en la
fuerza, sino en el derecho; que los verdaderos líderes obte-
nían su poder no tanto del tamaño de su ejército como de
la fortaleza moral de su gobierno. Por lo cual, Sun Tzu —
el filósofo guerrero— vinculó la manera en que el gobernante viviera y ejerciera dominio como fundamento de

su estudio del arte de la guerra. Ya que la mejor manera de ganar una guerra era no tener que pelearla; ganar las mentes y los corazones era más poderoso que gobernar con una voluntad de hierro. Por lo tanto, emergió un sistema de pensamiento moral basado en las marcas que ha dejado Dios sobre todo en la naturaleza y en el sentido del bien y del mal que Dios escribió en el corazón humano cuando creó al hombre y a la mujer.

La palabra *camino* del pasaje introductorio ha sido traducido de la palabra china *tao*, o bien "la fuente incondicional que no se puede conocer y el principio guía de toda realidad [...] el arte o habilidad de hacer algo en armonía con la naturaleza esencial de una cosa".[1] Le pido a Dios que usted aprenda el arte de orar en armonía con Dios y que desarrolle la habilidad de hacerlo conforme a su nombre, esencia y poder. En sus escritos, C. S. Lewis utilizó el concepto de *tao* para representar la ley moral que es innata en todas las culturas y etnias.

Los chinos también hablan de una cosa grande (la cosa mayor) llamada tao. Es la realidad detrás de todos los predicados, el abismo que fue antes que el Creador mismo. Es su Naturaleza, es la Senda, el Camino. Es el Camino en el que el universo anda, el Camino por el que las cosas emergen de la eternidad [...] al espacio y el tiempo. También es el Camino que todo hombre debería andar en imitación de esa progresión cósmica y supercósmica, adecuando todas las actividades a ese gran modelo.[2]

Esta *verdad universal moral* —a pesar de lo misteriosa y compleja que es— contiene los valores innatos que todos tenemos de justicia, integridad, amor por la belleza y compasión. Es la esencia de la marca dejada por Dios sobre los seres humanos, cuando nos creó a su propia imagen. Según la tradición taoísta, es el fundamento de la manera en que uno debe vivir y la justicia de la causa de uno debería ser juzgada mediante la armonía de uno con este fundamento.

Es interesante lo mucho que esto se parece a la predicación de Jesús. Lo importante no era derrotar al poderío romano que dominaba a Israel en esa época, sino entrar en el gobierno justo y moral del Reino de Dios. Un Reino que está sobre cualquier cosa sobre esta tierra que no tiene que ver con el poder militar, sino con la virtud espiritual. Jesús no vino a establecer un trono desde el cual reinar, sino un *camino* por el cual seguirlo. Como Él se describió a sí mismo en Juan 14:6: "Yo soy el camino, y la verdad, y la vida; nadie viene al Padre, sino por mí". De hecho, según Hechos 9:2, el cristianismo incluso era llamado "el Camino" antes de que los de Antioquía comenzaran a llamarse "cristianos" (Hechos 11:26). Jesús había introducido una nueva *manera* (un nuevo camino) de vivir y pensar que voltearía al mundo de cabeza.

Una cosa es aceptar a Cristo como nuestro Señor y Salvador y llamarnos cristianos, pero hay un poder adicional al vivir en el *camino* de Cristo; reconociendo que "como son más altos los cielos que la tierra, así son mis caminos (los de Dios) más altos que vuestros caminos, y mis pensamientos (los de Dios) más que vuestros pensamientos" (Isaías 55:9). La filosofía taoísta enfatiza que no se trata de creer correctamente, como hubiera sostenido Confucio, sino de hacer correctamente. Es algo como la antigua dicotomía cristiana entre la fe y las obras: ¿cuál es más importante? Para el creyente fervoroso, las dos son funcionalmente inseparables, o como el general de oración William Booth, fundador del Ejército de Salvación, lo dijo: "La fe y las obras deberían viajar lado a lado, un paso correspondiendo al otro, como las piernas de un hombre caminando. Primero la fe, y luego las obras; y luego nuevamente la fe, y entonces las obras otra vez; hasta que apenas se pueda distinguir cuál es la una y cuál es la otra.[3] Mientras que el creer correctamente es lo que nos pone en posición de recibir el Reino de Dios, es el hacer correctamente lo que lo expande y lo hace tangible incluso para los que no conocen a Dios.

El punto está en la diferencia entre hacer buenas obras y hacer lo que Dios nos ha dirigido específicamente. El camino de Dios no solamente es hacer bien y creer lo correcto; es hacer ambas lado a lado en colaboración o en pacto con Él. El camino de Dios se abre solamente a aquellos que no solamente saben cómo escucharlo sino como interpretar correctamente y actuar según su Palabra. La expansión del Reino será conducida por los que sepan cómo orar hasta recibir las instrucciones específicas de Dios sobre ciertos asuntos y luego obedecer lo que escuchen por medio del mismo inquebrantable poder del espíritu de oración.

¿De qué tipo de oración estoy hablando? De una manera u otra, en un momento u otro, no importa lo que la gente crea o diga de su religión, al estar confiando en fe o en abierta desesperación, todos oran. Lanzan oraciones del tipo "si existes", "no tengo a quien más recorrir", "por que has prometido", "Dios, si haces esto por mí, te seguiré el resto de mi vida", o pasan las cuentas de su rosario o marcan los pendientes de sus listas de oración yendo a través de todas las preocupaciones de su vida una por una delante de Dios. Todas son formas sumamente válidas de oración, a las que Dios responde según considera necesario, pero ninguna de ellas constituye el camino de la oración del que estoy hablando. Todos estos métodos lanzan la oración como un salvavidas, como un ruego por compasión o incluso como una apelación bien argumentada y bien razonada para que Dios intervenga en los asuntos de la humanidad, pero en su mayoría nadie de los que ora de esta manera discierne claramente su voluntad.

¿Por qué? Porque no están tan atentos a que Dios les hable como buscan que Dios actúe a su favor.

Todos hemos orado de esta manera, pero los líderes de oración —los que se convierten en generales de oración— no están satisfechos con simplemente pasar por la vida con las circunstancias perfectamente alineadas a su favor. Tienen más hambre por el Respondedor —Aquel que responde oraciones— que por las respuestas. Tienen más hambre de marcar una diferencia en el mundo que de vivir cómodamente.

Estos extremistas —a mí me gusta llamarlos generales— son los que viven a través de la oración. Como escribió Madame Jeanne Guyon en su *A Short and Easy Method of Prayer* (Un breve y fácil método de oración), "Oremos todos: debemos vivir por la oración, así como debemos vivir por el amor.[4] Los generales de oración son los que se rehúsan a ceder o a lograr las cosas por otro modo que no sea el de Dios; los que como hizo Jesús se rehúsan a tomar el siguiente paso o decir la siguiente palabra a menos que sepan que Dios los está dirigiendo a que lo hagan. No salen a ministrar hasta no haber sentido que han orado y se han conectado con Dios para ese día: "Nada hago por mí mismo, sino que según me enseñó el Padre, así hablo" (Juan 8:28). ¿Cuándo fue que el Padre le enseñó? Mientras estaba en sus rodillas en oración.

Uno ve este tipo de determinación en la vida de

personas como Carlos Finney quien decidió una mañana —en respuesta al Espíritu de Dios hablando a su corazón: "¿Lo aceptarías ahora al día (el Evangelio)?"— que así lo aceptaría o de otro modo *moriría en el intento*. Ese día al ir de camino al trabajo se detuvo por completo y se fue al bosque donde se arrodilló y determinó que oraría hasta que Dios le dijera algo sobre su futuro eterno. Se quedó en ese lugar orando toda la mañana y "oré hasta que mi mente se llenó tanto, que antes de que me diera cuenta, estaba de pie y caminando a tropezones por el sendero que subía al camino."[5]

Este tipo de oración no es darle a Dios una lista de abarrotes con nuestras necesidades y preocupaciones, sino es conectarse con la Gran Conversación que se está llevando a cabo alrededor del trono de Dios. Creo que Dios siempre está hablando, pero no siempre estamos escuchando. Nos distraemos. Primera de Corintios 14:10 nos dice: "Tantas clases de idiomas hay, seguramente, en el mundo, y ninguno de ellos carece de significado, pero puedo decirle al mismo tiempo que no todos ellos son relevantes para usted. Todos están diciendo cosas buenas e incluso importantes, pero lo que necesita es dirección y estrategia celestial.

Mucho del tiempo veo a los cristianos yendo de una reunión a otra tratando de obtener la mejor enseñanza posible —y hay muchas buenas enseñanzas por allí— pero al mismo tiempo veo a Jesús parado detrás de estas reuniones observando y preguntándose cuándo es que van a venir a pasar un tiempo aprendiendo a sus pies. Son como los *paparazzi* de Dios, corriendo alrededor esperando capturar un destello de alguna cosa o persona importante, esperando aprovechar el estar en el lugar correcto en el momento adecuado, pero sin la disciplina de esperar en Dios ellos mismos. Creo que es porque es mucho más fácil ir de reunión en reunión que arrodillarse en su lugar de oración y no moverse hasta haber aclarado su mente y haberla acallado lo suficiente para escuchar a Dios en realidad. ¿Quiere que Dios responda sus oraciones? Entonces lo único que tiene que hacer es lo que hizo Jesús, simplemente quédese en oración hasta que le responda. Solamente ese es el camino de la oración.

Posiblemente por eso es que cuando Jesús enseñó acerca de la oración no dio instrucciones específicas o alguna lista de puntos de cómo hacerlo, sino que relató un par de historias sencillas para explicar "la necesidad de orar siempre, y no desmayar" (Lucas 18:1). Piense en esas parábolas un momento. Estoy seguro de que las ha escuchado antes; y si no es así, tome su Biblia y búsquelas. Está la parábola de la viuda persistente (Lucas 18:2–8), la parábola del vecino a medianoche (Lucas 11:5–13), la historia de la mujer sirofenicia (Marcos 7:24–30), la parábola del fariseo y el publicano (Lucas 18:10–14), entre otras. Después de leerlas, no es difícil suponer que las cualidades más importantes que debe tener una vida de oración son la fe, la humildad y la perseverancia. De hecho, después de contar la parábola de la viuda persistente, Jesús enseña:

> ¿Y acaso Dios no hará justicia a sus escogidos, que *claman a él día y noche?* ¿Se tardará en responderles? Os digo que pronto les hará justicia. Pero cuando venga el Hijo del Hombre, ¿hallará fe en la tierra?
>
> —LUCAS 18:7–8, ÉNFASIS AÑADIDO

¿Cuando Jesús prepare su regreso a la tierra, encontrará el tipo de fe que se aferra a Dios de este modo en oración y que no lo suelta hasta recibir la respuesta?

FE, HUMILDAD Y PERSEVERANCIA

> Es, pues, la fe la certeza de lo que se espera, la convicción de lo que no se ve.
>
> —HEBREOS 11:1

Hay tres partes en la fe. La parte uno es la *suposición* "aquello que uno espera que suceda y que cree que ya ha sucedido". Es lo que uno pone en oración como una petición o solicitud a Dios. Segundo es la evidencia que da crédito a la suposición; es la *documentación* que dice que uno tiene el derecho de pedir lo que se está pidiendo, ya que se le ha prometido. La última es la *confianza* de que su suposición es cierta sea que tenga prueba física de ello o no. Entonces, la fe simplemente es la confianza que usted tiene en Dios de que Él hará lo que ha prometido. De la manera en que un abogado termina su alegato después de presentar la evidencia a favor de su cliente, confiado en que ha probado su argumento de manera eficaz, cuando tenemos fe, hacemos descansar nuestra confianza en los dictados de la Palabra de Dios. En otras palabras, creemos que nuestra petición ha sido otorgada porque Dios lo dijo, aun y cuando no la hayamos visto materializarse todavía.

Como la fe es la sustancia de lo que se espera y la evidencia de lo que no se ve, lo que es posible en el plano físico no debería restringir nuestras oraciones. Tenemos el derecho de establecer cosas en el espíritu y comenzar a exigir aquello que se ha estado incubando de manera divina, esperando el tiempo establecido para su manifestación. Se requiere fe para pelear por tales manifestaciones. Desde el principio de la tierra, Dios se preparó para responder lo que solamente usted ha pedido ahora. Estas respuestas tienen un tiempo establecido de manifestación. Pero solamente pueden ser liberadas por fe. Los ojos naturales no las pueden percibir ni los oídos naturales las pueden detectar. Deben ser discernidas por el espíritu y activadas por fe.

A medida que oremos por fe, necesitamos pedirle a Dios que nos sea dado el espíritu de los hijos de Isacar para discernir los tiempos y las sazones (consulte 1 Crónicas 12:32). Según el libro de Apocalipsis, Dios se mueve en un tiempo particular y en un momento predeterminado: "Y fueron desatados los cuatro ángeles que estaban preparados para la hora, día, mes y año, a fin de matar a la tercera parte de los hombres" (Apocalipsis 9:15). El ángel le dijo a Daniel que Dios envió una respuesta el primer día que oró, pero Daniel no la recibió durante veintiún días a causa de la guerra en los cielos. Eso podría suceder también con usted. Marine sus oraciones en fe en la Palabra de Dios, así como Daniel. Ore la Palabra, no sus preocupaciones. Ore la promesa, no el problema.

En el ministerio de Jesús, solamente hay dos instancias en las que felicitó a alguien por tener una fe *grande*. Son dignas de ser consideradas aquí.

> Entrando Jesús en Capernaum, vino a él un centurión, rogándole, y diciendo: Señor, mi criado está postrado en casa, paralítico, gravemente atormentado. Y Jesús le dijo: Yo iré y le sanaré. Respondió el centurión y dijo: Señor, no soy digno de que entres bajo mi techo; solamente di la palabra, y mi criado sanará. Porque también yo soy hombre bajo autoridad, y tengo bajo mis órdenes soldados; y digo a éste: Ve, y va; y al otro: Ven, y viene; y a mi siervo: Haz esto, y lo hace. Al oírlo Jesús, se maravilló, y dijo a los que le seguían: De cierto os digo, que ni aun en Israel he hallado *tanta fe* [...] Entonces Jesús dijo

al centurión: Ve, y como creíste, te sea hecho. Y su criado fue sanado en aquella misma hora.

—MATEO 8:5–10, 13, ÉNFASIS AÑADIDO

No obstante, el segundo es extrañamente distinto:

Y he aquí una mujer cananea que había salido de aquella región clamaba, diciéndole: ¡Señor, Hijo de David, ten misericordia de mí! Mi hija es gravemente atormentada por un demonio. Pero Jesús no le respondió palabra. Entonces acercándose sus discípulos, le rogaron, diciendo: Despídela, pues da voces tras nosotros. El respondiendo, dijo: No soy enviado sino a las ovejas perdidas de la casa de Israel. Entonces ella vino y se postró ante él, diciendo: ¡Señor, socórreme! Respondiendo él, dijo: No está bien tomar el pan de los hijos, y echarlo a los perrillos. Y ella dijo: Sí, Señor; pero aun los perrillos comen de las migajas que caen de la mesa de sus amos. Entonces respondiendo Jesús, dijo: Oh mujer, *grande es tu fe*; hágase contigo como quieres. Y su hija fue sanada desde aquella hora.

—MATEO 15:22–28, ÉNFASIS AÑADIDO

Creo que hay varias cosas que podemos aprender acerca de la fe comparando estas dos historias. Los que tienen fe confían en el Respondedor más que en su derecho de pedir. El centurión sabía que Jesús sanaba porque había escuchado historias de que Jesús había sanado a los que venían a Él; posiblemente incluso lo vio por sí mismo. La mujer cananea también sabía sin duda que la naturaleza de Jesús era sanar a todos los que se lo pidieran. No obstante, al mismo tiempo el centurión sabía que se burlarían de Jesús por venir a su casa de la misma manera que la mujer cananea aceptó la etiqueta de "perrillo". Lo que estaban pidiendo no estaba basado en quiénes eran ellos sino en quién era Jesús.

Ambos también sabían que la palabra de Jesús en el asunto era suficiente. Una vez que Él dijera que sí, no habría necesidad de molestarlo más con lo mismo. El centurión sabía que esto era verdad porque entendía la autoridad. La mujer cananea lo sabía porque entendía el carácter de Jesús: Él era un hombre de compasión e integridad que siempre hacía lo que decía que haría. La cosa es que, mientras que la respuesta para el centurión vino rápidamente, la mujer cananea, como la viuda que protestaba delante del juez injusto o el vecino llamando a la puerta a medianoche, no recibió un sí a su primera petición. De hecho, Jesús trató de ignorarla y luego la despidió llamándola un perrillo. No obstante, ella conocía su verdadero carácter. Ella sabía que no tenía derecho de pedir lo que estaba pidiendo "ella no era digna", pero eso no tenía peso alguno sobre quién era Jesús verdaderamente. Así que persistió, sabiendo que por su misma naturaleza Jesús no la podría desechar a menos de que ella se rindiera.

Cuando oramos, las peticiones que se presentan deben provenir de nuestro ser más interno. La única razón para hacer oraciones repetidas es porque creemos que Aquel al que le dirigimos nuestras oraciones es poderoso y está dispuesto a respondernos incluso cuando las cosas parezcan de otro modo. Al depender de nuestro conocimiento de la naturaleza de Dios, podemos descansar en la seguridad de que nos *responderá*. Podemos dejar de preocuparnos o de tratar de arreglar las situaciones por nosotros mismos. Sin ansiedad, nuestro corazón late con el ritmo determinado del cielo. Descansar en esta certeza reconoce que hay un cirujano capaz trabajando en nuestro problema y restaurándonos por completo, y que no necesitamos preocuparnos porque estamos en buenas manos. Muchas personas quieren orar como si pudieran en realidad empujar a Dios para que haga o no haga algo que está en su sola providencia realizar. La verdad es que hemos entrado en reposo cuando renunciamos a la propiedad del asunto, como Cristo lo hizo al decir: "Pero no se haga mi voluntad, sino la tuya" (Lucas 22:42). Tenga la seguridad de que Dios siempre responde nuestras oraciones. El resultado posiblemente no sea lo que usted tenía planeado, pero el resultado será mucho mejor que lo que podría haber concebido. Usted también debe confiar en que Dios sabe cuál es la respuesta que le conviene más.

También observe que ni el centurión ni la mujer cananea le pidieron la sanidad a Jesús porque la merecieran, de hecho, ambos parecían saber que no. Como extranjero, el centurión sabía que no era digno de que Jesús entrara en su casa, así como la mujer que fue rechazada después de ser llamada perrillo inteligentemente lo convirtió en un poco de humor a costa de ella misma y capitalizó en el favor y gracia ilimitados e irrestrictos que Cristo siempre mostró. Sin embargo, aun así pidieron, e incluso pidieron con confianza. No se fueron ni se impacientaron hasta que recibieron la palabra de Jesús de que recibirían lo que habían pedido. Hubo una tenacidad, una perseverancia y persistencia en su pedir de manera que no se les podía negar su petición. No iban a irse hasta no recibir lo que estaban pidiendo, incluso cuando tuvieran que ignorar lo que al principio sonaba como rechazo. Tenían fe en obtener lo que estaban pidiendo antes de siquiera pedirlo, pero aún así siguieron con Jesús hasta que les prometió que se encargaría de ello. Este es el *tao* de la oración.

Considere a Pablo, por ejemplo. En 2 Corintios 12 habla acerca de que le pidió a Dios que lo librara de una persona o de un grupo de personas "impulsadas por el diablo" que lo habían estando siguiendo y que eran como un "aguijón en la carne".[6] Este es el relato de lo que sucedió cuando oró por ser librado de este "aguijón":

> Respecto a lo cual tres veces he rogado al Señor, que
> lo quite de mí. Y me ha dicho: Bástate mi gracia;

porque mi poder se perfecciona en la debilidad.
Por tanto, de buena gana me gloriaré más bien en
mis debilidades, para que repose sobre mí el poder
de Cristo. Por lo cual, por amor a Cristo me gozo
en las debilidades, en afrentas, en necesidades, en
persecuciones, en angustias; porque cuando soy
débil, entonces soy fuerte.

—2 Corintios 12:8–10

Observe que Pablo oró tres veces y que se le dijo tres
veces: "Que te sea suficiente mi gracia, porque cuando tú
eres débil, yo soy fuerte". Al principio Pablo seguramente
pensó que era un "no, no te voy a librar de esta turba", hasta
que finalmente se dio cuenta de que Dios estaba diciendo:
"Nada de lo que hagan puede vencerte porque tienes mi
gracia. Estaré contigo sin importar qué, y juntos triunfa-
remos en revelar mi gloria en ti, que es mucho mayor en
su impacto en una escala espiritual y social. En tu debilidad, ellos verán mi fuerza". Cuando Pablo se dio cuenta de
ello, decidió que se gloriaría en las persecuciones en lugar
de huir de ellas. Al final, hizo esto yendo hacia Jerusalén.
Aunque todos le dijeron que si iba sería atrapado y echado
en prisión, Pablo lo vio como un viaje gratis a Roma para
compartir el Evangelio con todos en las cortes romanas.

Además de esto, escuchamos a Pablo aconsejándonos
que seamos "constantes en la oración" (Romanos 12:12) y

que oremos "sin cesar" (1 Tesalonicenses 5:17). ¿No le da la impresión de que Pablo era pronto para ponerse de rodillas acerca de cualquier preocupación, que no había nada sobre lo cual no orara y que era diligente en obtener sus respuestas en oración?

De esta misma manera, cuando usted ore no se deje tambalear en su fe. Tómese fuerte de lo que ha aprendido y de la confianza que ha recibido en su relación con Cristo, incluso en cosas que pensaba estaban muertas, enterradas, que son irreversibles o imposibles. Dios puede resucitar una vida que se pensaba había terminado, sanar al que tiene una enfermedad terminal, salvar al peor de los pecadores y derribar gobiernos tiránicos. Usted reconoce su capacidad de hacer que lo muerto viva cuando es fiel en oración. Cuando resiste en oración, como la mujer cananea, creyendo en Dios de manera continua, Dios se agrada, se aseguran las victorias, las intervenciones divinas son garantizadas y se echa mano de la vida eterna para usted y para aquellos por quienes usted ora.

Por lo tanto el camino de la oración dicta que hasta que no haya un descanso en su espíritu, una seguridad de que el asunto se ha resuelto o evidencia tangible de la liberación, no deje de orar. Esta es la diferencia entre ganar y perder. En su comunicación hacia Dios, con Él y de su parte, plante sus pies firmes en el plano espiritual, haga su petición, sea perseverante e inamovible, y desafíe cualquier y todas las circunstancias que lo quieran mover de su posición en oración. Durante los días en que Dios esté extrayendo pecados y maldad y replantando con salvación, no veremos evidencia sobre la tierra de que está trabajando debajo de ella. No obstante, no podemos darnos el lujo de dejar de orar justo cuando los resultados están a punto de darse. Lo sembrado va a necesitar su perseverancia con el fin de abrirse camino y florecer. No deje ir, ni se rinda. Empuje; persevere. Nunca, nunca se rinda o se dé por vencido. Es tiempo de perseverar y esperar en el Señor. Dios, en quien usted ha puesto su confianza y que siempre es fiel en responder.

> Así que, hermanos míos amados, estad *firmes* y *constantes*, creciendo en la obra del Señor siempre, sabiendo que vuestro trabajo en el Señor no es en vano.
>
> —1 Corintios 15:58, énfasis añadido

> Y *perseveraban* en la doctrina de los apóstoles, en la comunión unos con otros, en el partimiento del pan y en las oraciones.
>
> —Hechos 2:42, énfasis añadido

Tres

EL CIELO Y LA TIERRA
(EL PLANO FÍSICO Y EL ESPIRITUAL)

El cielo significa oscuridad y luz, el clima, los tiempos
y las sazones. La tierra comprende distancias, grandes
y pequeñas; peligro y seguridad; campo abierto y pasos
estrechos; las oportunidades de la vida y la muerte.

—*EL ARTE DE LA GUERRA*, 1:7–8, PARAFRASEADO

PARA SUN TZU, el cielo era la atmósfera a nuestro alrededor y sobre nosotros. Aunque para nosotros como cristianos sigue siendo el lugar en el que el programa y los tiempos de Dios para sus planes en la tierra se establecen, el lugar en el que se determina la diferencia entre el bien y el mal (la oscuridad y la luz), y el clima en el que la voluntad de Dios se realiza sin interferencias. El deseo del cielo es que el Reino de Dios sea restaurado sobre la tierra, pero el cielo necesita representantes y embajadores sobre la tierra para darle un derecho legítimo de intervenir y establecer una jurisdicción. Es solamente mediante nuestras peticiones "nuestras oraciones" que el cielo obtiene el derecho de introducirse en la tierra. En otras palabras, la oración legaliza las intervenciones celestiales.

La tierra es el dominio de las decisiones. Es donde los seres humanos tienen el derecho de escoger el bien o el mal, la bendición o la maldición, el éxito o el fracaso, la vida o la muerte, pero estas cosas no vienen solamente con elegirlas, se debe luchar por ellas. Porque la tierra también es el lugar batallas y guerras, derrota y victoria, abundancia y necesidad, riesgo y recompensa, y prosperidad y calamidad. Debemos darnos cuenta de que estar en la tierra significa que vivimos en el corazón de la zona de guerra entre el cielo y el infierno, el bien y el mal, la vida eterna y la muerte eterna. Es nuestro lugar de prueba y lucha, pero también el lugar en el que podemos experimentar la victoria y obtener la recompensa, aunque ninguna de ellas vendrá sin una pelea.

El plan original de Dios era que la paz y la prosperidad llenaran la tierra, pero con la caída de Adán y Eva, su voluntad se frustró. Trató de encontrar nuevos representantes con los cuales colaborar y bendecir al mundo, pero no tardó mucho en reconocer que cada generación tenía que ganar la victoria por sí misma o caer en corrupción y autodestrucción. En Abraham encontramos a un hombre de fe que le enseñó bien a sus hijos, pero en menos de un puñado de generaciones sus hijos se habían dejado esclavizar por los egipcios. Les trajo un libertador en Moisés, un conquistador en Josué, pero cuando Israel falló en seguir el mandato del cielo de librar a Canaán de todos los enemigos y las malas influencias, Dios determinó utilizar más bien a los enemigos de Israel como un campo de prueba y entrenamiento donde aprenderían a pelear por lo que es bueno y justo. Sus pruebas, desafíos y luchas son sus campos de entrenamiento.

> Estas, pues, son las naciones que dejó Jehová para probar con ellas a Israel, a todos aquellos que no habían conocido todas las guerras de Canaán; solamente para que el linaje de los hijos de Israel conociese la guerra, para que la enseñasen a los que antes no la habían conocido [...] Y fueron para probar con ellos a Israel, para saber si obedecerían a los mandamientos de Jehová, que él había dado a sus padres por mano de Moisés.
>
> —JUECES 3:1–2, 4

Dios le dio a Israel dos maneras de obtener instrucción, sabiduría y revelación, o uno podría decir, la Palabra escrita y la palabra profética de Dios. Dios envió a sus profetas y a su Hijo para que usted pueda tener la Biblia, el *logos* o *Palabra viva*, de manera que pudiera conocer sus caminos por experiencia, pero también inspiró a sus profetas a escribir la

Biblia para que usted conozca su sabiduría y sus estatutos. Usted lee la Biblia para entender las leyes de Dios, la historia de su pueblo y la esencia de su naturaleza. Sin embargo, su revelación proviene de su presencia, que uno recibe principalmente por medio de la oración. Es solamente mediante la oración que uno recibe instrucciones específicas y estrategias para luchar las batallas en su parte de la guerra general por la justicia en la tierra. Es a través de la oración que Dios le da una palabra fresca específica para su situación actual y le revela donde se encuentra en su plan para su vida.

Así como con los israelitas, también cada uno de nosotros tenemos nuestro propósito y dominio de responsabilidad sobre la tierra. Tenemos una jurisdicción que Dios nos ha llamado a cuidar y donde nos ha llamado a establecer su Reino. Tiene la capacidad tecnológica lista para nuestro uso con el fin de dirigir las baterías a las fortalezas y revelar los patrones en el movimiento del enemigo dentro de los territorios de los que somos responsables. Él puede darle la inteligencia que usted necesita para vencer. A medida que Dios le revele acerca de las alianzas, los guardianes y los espíritus territoriales, usted deberá consultar la Palabra de Dios con el fin de obtener el esquema y el patrón que revela los planes y propósitos originales de Dios y luego orar conforme a ello.

La oración es esencial para la expansión del Reino.

Mientras que el cielo está encinta de posibilidades y Dios tiene tanta bendición que quiere derramar sobre la tierra, necesitamos recordar que vivimos en territorio enemigo. El sistema del mundo —en el que vivimos como extranjeros en tierra extraña— no tiene deseo alguno de que se manifiesten en la tierra la voluntad de Dios y su bondad. Este sistema más bien quiere la *carnada engañosa* del reino satánico que promete diversión, placer y *verdadera vida*, pero que más bien drena la felicidad y la vida de los que caen en él. Da placeres vacíos, temporales que llevan a la muerte en lugar de la plenitud eterna ganada por una buena y dura pelea que viene de abrazar la *zoe* —vida eterna— de Dios.

Aunque la voluntad de Dios es librar a cada hombre, mujer y niño del sistema parásito del mundo, Él es un Dios justo que no va a violar su propio sistema legal. En Edén, le dio el dominio de la tierra a los representantes de la humanidad: Adán y Eva. Ellos a su vez se la entregaron a Satanás por medio de su desobediencia. Por lo cual Satanás se convirtió en el "dios de este siglo" (2 Corintios 4:4). Durante siglos Dios tuvo muy poco derecho legal de intervenir en los asuntos de la humanidad. La fe de Abraham abrió el camino para un pacto con Él a través del cual Dios podría implementar su plan de respaldo. El sacrificio de la simiente de Abraham —el mismo Hijo de Dios, Jesucristo— un día rompería el domino del infierno y la muerte sobre la humanidad y abriría el acceso directo a las estrategias y el poder del cielo a cualquiera que aceptara el sacrificio de Jesús. Satanás perdió jurisdicción como el resultado de la cruz. La autoridad sobre la tierra le fue devuelta a la humanidad, pero Satanás pronto dedujo que si podía confundir y engañar a los seres humanos de manera que creyeran que realmente no tienen esa autoridad, entonces podría seguir controlando el espectáculo. Creó un sistema complicado que acecha el egoísmo y el orgullo de la humanidad, a través del cual roba sus almas poco a poco. Y ha estado haciéndolo desde entonces.

Se puede ver una excelente analogía de esto en la película *Matrix*. El sistema del mundo es sumamente semejante a una matrix que engaña a los que están atrapados en ella. Creen que es la vida verdadera, pero de hecho, es una ilusión: un engaño sofisticado de manera que los que controlan la matrix pueden succionar la energía de su vida. Por lo cual, Neo, el héroe que es figura de un cristiano, escapa del engaño de la matrix y aprende a reescribir sus reglas de acuerdo con la verdad y el poder de su fe. Una vez que su mente es liberada, toma libremente decisiones sobre su destino que expanden otro reino y merman el reino del cual fue liberado. De manera similar, las posibilidades reales que Dios le ha dado a usted solamente están limitadas por lo que usted cree. Ese es su papel en la tierra. Usted debe transformar la matrix de los sistemas del diablo, que son robar, matar y destruir y reemplazarlos con el milagroso poder de la vida en Dios. Somos los revolucionarios infiltrados aquí para enderezar a un mundo que está de cabeza de vuelta su posición correcta.

Dentro del sistema del mundo usted es considerado un guerrero de la resistencia. Su misión es unirse a las fuerzas de resistencia de oración y devolver la tierra a su dominio y gobierno originales. Usted ha sido escogido para seguir a Cristo, restablecer el Reino de los Cielos y luego expandir sus fronteras tan lejos como las pueda hacer llegar. No obstante, le advierto que no es una tarea que pueda hacer solo. Usted debe unirse a otros que piensen de manera semejante y que tengan una preciosa fe similar. A usted se le ha dado el derecho —la jurisdicción legal sobre sus dominios— de pedirle al cielo y recibir lo que el cielo puede ofrecer para cambiar el clima, alterar la atmósfera y proclamar que el Reino de los Cielos está entre nosotros. Esta es una revolución que muy probablemente no será anunciada en las noticias de la noche. Podría ser que usted no llame mucho la atención ni reciba las felicitaciones dignas de un héroe. Pero *usted* deberá tomar el desafío de convertirse en el héroe de Dios. Dios no lo forzará a hacerlo. Usted debe tomar una decisión. Estoy convencido de que Dios puede hacer mucho más por este mundo cuando uno de sus santos ora, que con todos los ejércitos del mundo juntos. Como lo dijo Juan Wesley: "Dios no hace nada sino como respuesta a la oración". En otras palabras, a causa de su naturaleza, Dios solamente intervendrá en la tierra a favor de aquellos que le pertenecen cuando lo invitemos a invadir lo que toque nuestra vida dentro de nuestra esfera de influencia. La oración es el conducto que trae el cielo a la tierra.

El plan B de Satanás es —si no puede mantener a la gente encerrada en su matrix— mantener impotentes y descoyuntados a los que han escapado. Utiliza los mismos tropiezos del mundo: envidia, contiendas, lujuria, arrogancia, y, su mayor arma de todas, la ignorancia. Su única esperanza es mantener separados entre sí a los guerreros de la resistencia para que los pueda seguir manipulando, es la vieja estrategia de divide y vencerás. No le importa lo fuerte que clamemos a Dios cuando nos reunimos, ni lo emocionados que saltemos o cantemos, simplemente no quiere que llevemos todo ese entusiasmo y denuedo a una oración unificada.

Piénselo de esta manera: Usted es un voluntario en un país devastado por la guerra para traer ayuda y alivio humanitario. Usted no es ciudadano de ese país sino de uno que está lejos. No tiene autoridad legal como funcionario del país en el que está excepto por que usted se encuentra allí como un embajador de buena voluntad para ayudar a los ciudadanos lo mejor que usted pueda. No obstante, su nación en casa apoya completamente lo que usted está haciendo y quiere ayudarlo en la manera que pueda. Cuando usted llega a una aldea que ha sido devastada por la guerra —sus cultivos han sido quemados, su gente se está muriendo de hambre y sus provisiones de agua han sido contaminadas— usted es movido a compasión para ayudar. No obstante, su nación no tiene derecho a venir a arreglar nada. Usted estando allí en ese lugar puede ayudar, pero no tiene los recursos. Así que hace la llamada a casa y pide protección para usted mismo y los aldeanos, suministros médicos, alimentos para los hambrientos, semilla y herramientas para reparar y volver a sembrar los campos, perforadoras para nuevos pozos y material para reconstruir las casas y las escuelas. Hasta el momento de hacer la llamada nadie sabía lo que se necesitaba con exactitud. Hacer la llamada y describir el problema no le hará conseguir lo que necesita, pero hacer la petición sí.

Los generales de oración hacen más que describirle a Dios lo que Él ya sabe. De hecho abren la bóveda del cielo con el fin de desatar las provisiones celestiales. Es solamente después de que usted hace la petición que los helicópteros espirituales y los aviones divinos son enviados, cargados con suministros y con todo lo que necesita para traer ayuda a esa aldea. Como con este ejemplo, al orar de manera específica, usted puede establecer su propio pedacito del cielo en la tierra justo en medio de una zona de batalla. Según Juan 15:7, usted debe pedir lo que desea y será hecho. No mencione lo que no quiere. No se convierta en un cantante de rap espiritual que describe sin prescribir.

Eso es exactamente lo que usted ha sido llamado a hacer

dondequiera que Dios lo haya plantado. Usted debe hacer conocidas sus peticiones a Dios (consulte Salmos 21:1–8). La palabra "con una 'p' minúscula" nos da a cada uno individualmente sus instrucciones y órdenes específicas. El cielo tiene el mandato de reestablecer el bien sobre la tierra, pero necesita líneas abiertas de comunicación para recibir las peticiones de lo que se necesita, así como manos sobre la tierra para implementar las estrategias y distribuir las necesidades.

Allí es donde está el verdadero trabajo. Ese es el fragor de la lucha. Es fácil entender la voluntad de Dios para el bien, pero requiere perseverancia firme para ver que se manifieste. Una cosa es establecer la ley o declarar tener jurisdicción sobre una zona, otra cosa es ver que se haga cumplir esa ley. Para que funcione de manera eficaz, necesitamos tanto la sabiduría como la revelación para aplicar las estrategias adecuadas, asegurar que la justicia reine sobre la corrupción y encontrar maneras de satisfacer las necesidades sin interrupción. La oración es la clave para mantener el flujo de esas estrategias y provisiones desde el cielo.

También debemos entender los tiempos y las sazones de Dios en sus planes para la tierra. Por eso es que Dios nos dio su Palabra. Su propósito no solamente era un libro de leyes enviado desde el cielo. También es el *Buen almanaque de Dios* para leer las señales proféticas y leer los tiempos *kairos* —los momentos proféticos— de su plan maestro. Dios no tiene dos juegos de libros que gobiernen el cielo y la tierra, eso sería inconsistente. Más bien, las leyes que los abogados del cielo utilizan para defender la justicia son las mismas leyes que las del Libro de la Ley "la Biblia" que Él envió para expresar su voluntad para la tierra. Por eso es que dijo:

> Yo, yo soy el que borro tus rebeliones por amor de mí mismo, y no me acordaré de tus pecados. Hazme recordar, entremos en juicio juntamente; habla tú para justificarte.
>
> —Isaías 43:25–26

Cada palabra de la Escritura es verdadera. El autor ha dado el mandato de que debemos invocar el nombre de Dios para provocar los cambios necesarios en las vidas y las comunidades. Este mandato del autor, Dios Padre, nos da la confianza de que podemos orar con autoridad; en efecto litigando casos delante del trono de juicio del cielo. Como miembros del parlamento verdadero del Planeta Tierra, somos los representantes delante del Gran Juez, abogados que cabildean en el cielo el cambio sobre la tierra. Tenemos la autoridad legítima de hablarle a Dios en nombre de la tierra y por el bien de la humanidad. Cuando usted abre su boca en oración, no es el tono o el volumen lo que le da autoridad, es la posición en la que Dios lo ha puesto para gobernar en su nombre.

La corte del cielo gobierna el plano espiritual en el que Dios y los ángeles viven. Todo lo que existe en lo natural primero fue creado en lo espiritual. Cuando Dios habló para crear el mundo físico en Génesis capítulo 1, no estaba sacando las cosas de la nada. Dios no hace las cosas de la nada. Más bien estaba llamando a las cosas que existían en otro estado espiritual a que salieran del plano espiritual y se convirtieran en estrellas, galaxias y planetas físicos de nuestro universo. Como nos dice Hebreos 11:3: "Por la fe entendemos haber sido constituido el universo por la palabra de Dios (el *rhema* o palabra hablada), de modo que lo que se ve fue hecho de lo que no se veía". Mucho antes de que Dios comenzara su creación natural, la razonó, midió, planeó y esquematizó en su mente:

> ¿Quién midió las aguas con el hueco de su mano y los cielos con su palmo, con tres dedos juntó el polvo de la tierra, y pesó los montes con balanza y con pesas los collados?
>
> —Isaías 40:12

Dios tomó unas pocas gotas, las hizo rodar en la palma de su mano y determinó la consistencia que el agua necesitaba tener. Calculó cuanta necesitaría la tierra para sostener la vida; también previó que si se congelaba, el hielo tendría que ser más ligero que el agua para que los animales que vivieran en ella sobrevivieran. Determinó cómo sería utilizada por los organismos vivos para vivir, cómo se evaporaría para formar nubes y luego se condensaría y volvería a la tierra para reabastecer incluso las cimas de los montes más altos y cómo contendría el oxígeno para los animales acuáticos y se movería sobre las rocas y la tierra para formar arroyos y ríos, recolectando minerales y moviéndolos de un lugar a otro para generar valles y planicies fértiles. Todo lo que el agua hace, lo ideó Dios antes de crear la primera gota que cayera del cielo o se asentara en un charco. Luego hizo lo mismo con las montañas, las rocas, las estrellas, los sistemas solares, etc.

Que no haya ningún malentendido. Usted puede pronunciar palabras en oración que usted no cree y no van a producir los resultados que está buscando. Parlotear sin convicción o fe no produce alineación divina. Usted debe ser determinado. Tomar una decisión deliberada y consciente de estar de acuerdo con la Palabra de Dios y luego poner en su corazón estar convencido de la verdad de lo que ha leído o escuchado. Solamente cuando usted sea capaz de hacerlo obtendrá las mayores alturas y profundidades. Una vez que haya decidido poner toda su convicción en sus palabras, el cielo y la tierra se alinearán para responder sus oraciones. Así su ataque en contra de los enemigos de Cristo beneficiarán a toda la tierra.

Los preceptos y leyes del cielo gobiernan la creación de

todo lo que existe en el plano físico. Todo lo que existe ahora en este universo existió primero en el universo espiritual. De esta misma manera, las cosas que suceden ahora en el plano físico siguen teniendo un origen espiritual. Satanás y sus legiones son seres espirituales e influencian a los seres humanos desde su lugar en el mundo espiritual, que existe a nuestro alrededor y que es invisible al ojo natural, por lo que manipulan las circunstancias. Llevan a la gente a creer mentiras para que tomen las decisiones equivocadas. Separan matrimonios para que los niños crezcan sin padres y sean succionados en la cultura de odio que impulsa la vida en pandillas, buscando la aprobación que sus padres ausentes no pueden darles. Estos espíritus encadenan y aprisionan naciones enteras con actitudes derrotistas que llevan a la pobreza, la envidia y la guerra. Todas estas son manifestaciones físicas de cosas que comenzaron en el plano espiritual. Por lo cual es posible, mediante la oración, ponerle una orden de restricción a esas fuerzas en las cortes del cielo, prohibiéndoles que influencien la tierra con tanta facilidad. Podemos soltar la luz de Cristo hasta el punto en que los engaños de Satanás sean expuestos. Por lo tanto, el general de oración debe entender los factores del cielo y de la tierra con el fin de pelear la buena batalla de la fe (1 Timoteo 6:12).

Dios está en control de ambos planos. ¡En su nombre usted debe tomar autoridad sobre cada situación y ordenarle a cada espíritu que cumpla con su Palabra! El Señor no lo salvó para dejarlo abandonado, débil o impotente. Él lo salvó porque lo ama y desea verlo como lo creó originalmente a su imagen y semejanza. Lo creó para que pudiera estar con Él, y así usted pudiera ser fuerte y poderoso y producir un impacto dinámico a través de su confianza en Él. Usted sabe que Él lo escucha. También puede tener la confianza de que terminará la obra que ha comenzado en usted.

¡Sí Y AMÉN!

La gente frecuentemente piensa que cuando oran por algo una vez y no lo reciben es posiblemente porque la respuesta de Dios a eso fue: "No, no puedes tener eso", pero las Escrituras no apoyan esa enseñanza. De hecho, en su carta a los Corintios, Pablo nos dice que Dios no es un Dios de "sí" y "no", ¡sino un Dios de "sí" y "amén"![1]

> Porque el Hijo de Dios, Jesucristo, que entre vosotros ha sido predicado por nosotros, por mí, Silvano y Timoteo, no ha sido Sí y No; mas ha sido Sí en él; porque todas las promesas de Dios son en él Sí, y en él Amén, por medio de nosotros, para la gloria de Dios.
>
> —2 CORINTIOS 1:19–20

Esto no significa que nunca fallaremos en oración, ni quiero condenar a nadie que haya orado y que no haya visto otorgada la respuesta a su petición. Es probable que Dios lo siga teniendo en el gimnasio celestial para desarrollar más músculos espirituales antes de la gran pelea. No obstante, aunque eso suceda de vez en vez, no debería ser el estado normal de las cosas. Muchas veces las oraciones son o no respondidas porque simplemente no hemos practicado lo suficiente el camino de la oración o no le hemos dado nada a Dios a lo cual diga "sí" o "amén". Mientras usted esté orando su Palabra de acuerdo con su voluntad, la respuesta de Dios a su oración siempre será "sí" y "amén", pero muchas veces viene seguido de una capacitación "una instrucción o una palabra de sabiduría" necesaria para sobrellevar la respuesta. Ciertamente a veces Dios se encargará del asunto completamente, pero para el cristiano maduro, también hay una parte que nosotros debemos realizar.

Como ejemplo, mire la vida de Jesús. No hay duda de que Jesús siempre estaba *bien preparado en oración*. Estaba conectado con el Padre y valoraba su tiempo de oración tanto que se escabullía de los discípulos sin aviso para poder orar sin ser molestado tanto como necesitara orar. Luego cuando enfrentaba una situación, por ejemplo "un ciego que venía para ser sanado", sabía exactamente qué hacer y no siempre era igual. Algunas veces simplemente tocaba sus ojos (Mateo 9:29). En otra ocasión escupió en los ojos del hombre (Marcos 8:23) y en otro momento escupió e hizo lodo, se lo puso en los ojos a la persona y le dijo que se fuera a lavar (Juan 9:6–7). Estos no fueron actos espontáneos, fueron el resultado directo de una vida vivida en oración y ayuno. Jesús tuvo que hacer algo en obediencia para que la oración se manifestara. Estas dos partes se encuentran conectadas inextricablemente. Después de mucha oración Jesús le permitía al Padre que determinara su agenda y sus actividades diarias.

Con mucha frecuencia llegamos a una situación crítica en nuestra vida y nuestras dos opciones son: prevalecer en oración hasta sentir que tenemos la respuesta o dejarnos abrumar más por las circunstancias que enfrentamos que por las promesas de Dios. Tomar la segunda entorpece nuestra fe, porque entre más fracasos tengamos en oración, más pensamos que Dios se nos está negando por alguna razón. No obstante, la oración no es un tipo de práctica mecánica que siempre obtendrá la misma respuesta a las mismas palabras cada vez como un encantamiento mágico. La oración no es hechicería o brujería. La oración se trata de conectarnos con Dios y obtener su palabra sobre lo que sea que estamos enfrentando, y luego actuar como corresponde. Mi observación de la vida de Jesús me ha llevado a concluir que frecuentemente Jesús se *convirtió* en la respuesta después de haber orado. Siempre parece haber una acción correspondiente a la oración.

¿No será que usted no está esperando en Dios a que se mueva, sino que Él está esperando en usted? ¿Podría ser que usted ya tenga, o usted sea, la respuesta? Las respuestas de Dios a nuestras oraciones siempre son sí y amén, pero hay otras cosas que considerar al venir a Él. Algunas veces usted no se encuentra en la posición de fe y obediencia en la que usted necesita ponerse cuando la crisis viene. Hay un viejo dicho que dice que "el éxito es cuando la preparación se encuentra con la oportunidad". Probablemente hayamos perdido muchas oportunidades divinas porque no hemos estado preparados. Con frecuencia nuestra preparación no nos ha llevado todavía al lugar de disciplina y virtud en el que necesitamos estar con el fin de vencer el dilema que tenemos frente a nosotros.

Por ejemplo, mire lo que le sucedió a los discípulos cuando enfrentaron a un muchacho poseído por espíritus malignos:

> Cuando llegaron al gentío, vino a él un hombre que se arrodilló delante de él, diciendo: Señor, ten misericordia de mi hijo, que es lunático, y padece muchísimo; porque muchas veces cae en el fuego, y muchas en el agua. Y lo he traído a tus discípulos, pero no le han podido sanar. Respondiendo Jesús, dijo: ¡Oh generación incrédula y perversa! ¿Hasta cuándo he de estar con vosotros? ¿Hasta cuándo os

he de soportar? Traédmelo acá. Y reprendió Jesús al demonio, el cual salió del muchacho, y éste quedó sano desde aquella hora. Viniendo entonces los discípulos a Jesús, aparte, dijeron: ¿Por qué nosotros no pudimos echarlo fuera? Jesús les dijo: Por vuestra poca fe; porque de cierto os digo, que si tuviereis fe como un grano de mostaza, diréis a este monte: Pásate de aquí allá, y se pasará; y nada os será imposible. *Pero este género no sale sino con oración y ayuno.*

—Mateo 17:14–21, énfasis añadido

Un grano de mostaza no es muy grande, de hecho, es la más pequeña de las semillas, pero nunca llega a nada si no es plantada y cultivada de manera apropiada. La oración infunde poder sobrenatural en nuestro espíritu. La oración progresiva, continua, consistente, cultiva nuestra fe. Esencialmente, la oración es ese proceso de preparación, siembra y cultivo. La oración toma nuestra fe y nos muestra la realidad de Dios y su poder a través de conectarnos con Él a diario. No es algo abrumador. No es como si usted recibiera de pronto cargas eléctricas que comiencen a salir disparadas de sus dedos. Y no sucede de la noche a la mañana, tampoco. Pero si ora y persevera en oración día tras día, las cosas comienzan a verse de manera distinta a su alrededor. La oración cambia su percepción y le da la capacidad de ver las cosas desde la perspectiva de Dios. Es como si una bruma que usted nunca hubiera visto comenzara a levantarse. A medida que enfrenta situaciones y decisiones, la sabiduría comienza a mostrarle más claramente el camino correcto a tomar. La revelación acerca de las acciones específicas que necesita realizar se encuentra allí cuando la necesita. Las palabras para cualquier circunstancia se acumulan desde su interior en su boca cuando necesita pronunciarlas. No es que suceda una manifestación increíble, es solamente que, según Salmos 1:3, lo que usted haga o diga prosperará a causa de la oración. Como el árbol plantado junto a corrientes de aguas, sus raíces espirituales se conectan con una fuente fresca de poder que está disponible bajo demanda.

No solamente eso, sino que su corazón comienza a anhelar la oración, dejándole saber cuándo necesita invertir más tiempo buscando a Dios. El fruto espiritual se vuelve abundante en su vida. Aun así el silbo apacible de Dios se vuelve más fácil de distinguir de todas las otras cosas que resuenan en su mente. No es necesario algo espectacular, pero de alguna manera usted desarrolla la habilidad de hacer lo correcto en el momento oportuno y de estar en el lugar adecuado para aprovechar oportunidades de las que otros se pierden.

Por supuesto, la Escritura también nos dice que hay oraciones que Dios no va a responder; aunque esto podría en efecto pasar como un "no" a una petición, en realidad es una falla de conexión. ¿Y qué es lo que impide la conexión? Dios no puede bendecir algo que finalmente será una maldición para usted. La Biblia nos da algunos ejemplos sencillos:

> ¿De dónde vienen las guerras y los pleitos entre vosotros? ¿No es de vuestras pasiones, las cuales combaten en vuestros miembros? Codiciáis, y no tenéis; matáis y ardéis de envidia, y no podéis alcanzar; combatís y lucháis, pero no tenéis lo que deseáis, porque no pedís. Pedís, y no recibís, porque pedís mal, para gastar en vuestros deleites.
>
> —Santiago 4:1–3

¿Por qué es que hay contiendas y divisiones dentro de nuestras familias y de nuestras iglesias? Porque hay cosas que deseamos, necesidades que deben ser satisfechas en nuestra vida y que no las estamos obteniendo. ¿Por qué no las estamos obteniendo? Santiago nos da dos razones:

1. No le estamos pidiendo a la fuente correcta.
2. Si estamos pidiendo, nuestra motivación es carnal (egoísta y autosuficiente).

Hay dos preguntas que usted se debe hacer:

1. ¿Ha llevado el asunto a Dios en oración?

2. ¿Su petición es conforme a la Escritura?

Como hemos dicho, la oración no solamente se trata de pedir y recibir. Pero al mismo tiempo, si no estamos pidiendo lo que sea que necesitamos o queremos, entonces no estamos confiando en Dios como *Jehová-Jireh*, el Dios que es la fuente de toda provisión. ¿No debería ser Dios en oración el primero al que le presentemos nuestro deseo por algo, sea un ascenso, un mejor coche, un cónyuge, dinero para pagar la tarjeta de crédito, o lo que sea? ¿No deberíamos presentar cada petición a los pies de su trono como parte del proceso de dilucidar la manera en que lo vamos a obtener? Si nos avergüenza venir a Dios en oración, ¿no es eso sino una señal de que hay algo mal con el deseo en primer lugar? Mire lo que dijo David acerca de pasar tiempo buscando a Dios en relación con nuestros deseos:

> Deléitate asimismo en Jehová, y él te concederá las peticiones de tu corazón. Encomienda a Jehová tu camino, y confía en él; y él hará.
>
> —Salmos 37:4–5

Necesitamos pasar todo lo que deseamos por el horno purificador de la presencia de Dios mientras esperamos en Él en oración. Deleitarse en el Señor es la senda correcta no solamente para obtener los deseos de nuestro corazón, sino para santificar los deseos mismos. Dios no solamente nos dará lo que deseamos; hará que deseemos lo que Él quiere "nos da sus deseos" de manera que seguirlo es mucho más gozoso y satisfactorio. Algunas cosas se van a desmoronar mientras oremos por ellas ya que nos daremos cuenta de que nunca estuvieron bien para nosotros en primer lugar. Para ponerlo de manera sencilla, entre más pase tiempo con Dios, más se le pegará su manera de ser; y usted lo manifestará más en la manera en que hace su trabajo, cómo se relaciona con los miembros de su familia y sus amigos y la forma en que toma sus decisiones. Pase suficiente tiempo con Él y de pronto sus deseos comenzarán a parecerse mucho a los de Él.

La oración no debe guardarse en una caja de cristal en la pared con un letrero de "Rómpase en caso de emergencia". La gente se queja de que sus oraciones no son contestadas por esta misma razón: no viven por la oración dependiendo de Dios para los detalles así como para lo grande, edificando su fe día a día. Culpan a Dios siendo que ellos no están en condición de resistir los maratones de oración necesarios para obtener la respuesta de Dios a la situación en la que se encuentran. Los que son generales de oración saben cómo hacerlo. Tienen práctica y disciplina porque ejercitan la autoridad en oración todos los días.

> Y esta es la confianza que tenemos en él, que si pedimos alguna cosa conforme a su voluntad, él nos oye.

Y si sabemos que él nos oye en cualquiera cosa que pidamos, sabemos que tenemos las peticiones que le hayamos hecho. Si alguno viere a su hermano cometer pecado que no sea de muerte, pedirá, y Dios le dará vida; esto es para los que cometen pecado que no sea de muerte. Hay pecado de muerte, por el cual yo no digo que se pida.

—1 Juan 5:14–16

Cuatro

EL GENERAL DE ORACIÓN

*El general representa las virtudes de sabiduría,
sinceridad, benevolencia, valentía y disciplina.*

—*El arte de la guerra*, 1:9, parafraseado

DEMASIADAS PERSONAS QUE aspiran a ser generales de oración se han vuelto personajes atemorizantes en lugar de hombres y mujeres con un carácter santo. Un general no llega a serlo por una batalla exitosa sino por muchas guerras. Algunos van y pelean una escaramuza y piensan que están listos para ser ascendidos, pero el verdadero ascenso solamente proviene de Dios. Otros quizá lo reconozcan y acepten, pero este tipo de elogios deberían ser secundarios para el general de oración. No se trata de medallas y gloria —ya que la gloria solamente le pertenece al Señor Dios— sino de traer el Reino de Dios de manera que afecte los reinos de este mundo en oración. Nunca podemos lograr esto si nos faltan las virtudes de un general de oración:

sabiduría piadosa, honestidad, bondad, valentía y vivir una vida de devoción disciplinada en lugar de ser impulsado por el último viento de doctrina o capricho del deseo.

La sabiduría solamente viene con la experiencia y con vivir basado en el conocimiento de la Palabra de Dios. Como dijimos anteriormente, 1 Corintios 14:10 nos dice: "Tantas clases de idiomas hay, seguramente, en el mundo, y ninguno de ellos carece de significado". Hay todo tipo de maestros, religiones y filosofías allá afuera, y todas son interesantes y pueden dar una visión fresca para conocer a Dios, pero no todas son verdad, e incluso muy pocas de ellas son relevantes para su vida o su misión terrenal. La sabiduría no se trata de cuánta verdad sabe sino de qué tanto está dispuesto a dejar que esa verdad gobierne su vida. Hay muchos eruditos que no hacen otra cosa que debatir los detalles más finos de la teología y el pensamiento religioso, y luego están los santos sencillos que no saben una centésima de lo que esta gente conoce, pero actúan sobre ello y a su alrededor suceden milagros regularmente. Es fácil debatir la verdad, pero es difícil de vivir. La victoria no siempre es para el estratega más inteligente, sino para el estratega que emplea la estrategia más eficaz. La sabiduría es lo que da esa ventaja. Conocer lo que es verdad, saber que funciona, tener discernimiento y discreción son todas parte de ser sabio, pero aprender a conocer la voz de Dios y cómo actuar sobre ella es lo que marca la diferencia en el calor de la batalla.

Los generales de oración deben ser implacablemente honestos, primero con Dios y luego con los demás. Como Pablo le aconsejó a Timoteo: "Pues el propósito de este mandamiento es el amor nacido de corazón limpio, y de buena conciencia, y de fe no fingida" (1 Timoteo 1:5). El mandamiento de Dios por medio de Pablo era que su enseñanza debía estar marcada por la pureza de corazón y de intenciones. La virtud, de la manera en que pasó de Jesús a la mujer con el flujo de sangre para sanarla (Lucas 8:46), es el poder de la vida pura y recta. Amar de buena conciencia significa siempre obedecer nuestra conciencia, que es la voz de su espíritu humano, el cual hablará según la ley escrita en su corazón o conforme a lo que el Espíritu Santo le diga. La fe honesta o sincera es la que no está manchada con deseos egoístas o con ambiciones impías. La base para todo esto es una vida en la que la honestidad se procura sin concesiones cuando los demás lo pueden ver así como cuando nadie más lo está viendo, sino solamente Dios. Esto únicamente proviene de pasar tiempo en oración confesando sus pecados y pidiéndole a Dios, como David lo hacía:

> Examíname, oh Dios, y conoce mi corazón; pruébame y conoce mis pensamientos; y ve si hay en mí camino de perversidad, y guíame en el camino eterno.
>
> —SALMOS 139:23–24

Como se ha dicho: "¡Lo que usted es en sus rodillas es lo que es y nada más!".

Hay ocasiones en las que sinceramente estamos en negación con respecto a la verdad de nuestra situación y las circunstancias que rodean a los demás. Muchas veces culpamos al diablo de nuestros problemas cuando de hecho se deben a nuestra propia falta de diligencia, disciplina, valentía, convicción o carácter. El Espíritu de verdad, el Espíritu Santo, es capaz de ayudarnos a discernir dónde nos encontramos en realidad con Dios en tales situaciones. Aunque Dios siempre está de nuestro lado, hay momentos en los que se requiere arrepentimiento genuino antes de que pueda tratar con eficacia con lo que está sucediendo en nuestra vida. Dios no está buscando avalar a personas que no maduran ni crecen en responsabilidad, pero es pronto para respaldar a los que desean crecer lo suficiente de manera que puedan alcanzar y ayudar a otros.

El Espíritu Santo también nos ayuda a ver a los demás como Cristo los ve. Solamente entonces podemos comenzar a orar sinceramente por ellos. Quizá haya algunos detalles terribles de su pasado o del pasado de otros, y aunque la historia sea cierta, no es la verdad. No es el veredicto final sobre dónde las cosas van a terminar. La verdad es siempre la verdad eterna según sea enviada a la tierra, el propósito eterno puesto en cada corazón como un regalo a la humanidad. Dios quiere traer luz, iluminación y comprensión a su vida de oración. Él quiere que usted vea claramente de manera que pueda orar con la verdad, para que el coro del cielo se mueva a sus órdenes para establecer la verdad en la tierra.

La benevolencia o la bondad también deben ser la marca de cualquiera que sea líder de otros en oración. Esta persona quizá no sea pastor, pero él o ella tendrán un corazón de pastor. La persona tendrá el aspecto del Gran Pastor. El arte de la oración, más que cualquier otra disciplina de la vida cristiana, se aprende por experiencia, y toma tiempo, decepciones y cometer errores para crecer en ella. Si un general de oración no tiene un espíritu compasivo que consuele a los que tropiecen y los corrija instruyéndolos con amabilidad, esa persona solamente le dará oportunidades a Satanás para que genere contiendas y divisiones en las filas. El general de oración eficaz también mantiene en mente lo mejor para todos en cada actividad, siempre buscando justicia, equidad y misericordia.

Por otro lado, el general de oración también es un guerrero que no le teme a nada. ¿Grandes oraciones? ¿Tareas imposibles? ¿Cambiar naciones? ¿Corregir injusticias grandes y pequeñas? ¡No hay problema! Un general de oración ha triunfado sobre enemigos externos e internos de su alma con el fin de conquistar a los enemigos que pelean contra su país o el Reino de Dios. Un general de oración fue una vez un soldado regular quien, en el curso del tiempo, constantemente hizo su marca en lo militar distinguiéndose por medio de actos disciplinados, valientes, heroicos, desinteresados que beneficiaron, prosperaron y protegieron a su batallón de manera que cumplieran su misión con pocas o ninguna baja de guerra.

Dejar su marca en el mundo como alguien que ora es difícil. Si fuera fácil, todos lo harían. Pero requiere paciencia, compromiso y viene con abundantes fallas a lo largo del camino. La verdadera prueba no es si evitará las fallas o no, porque no las evitará. Sino si permitirá que lo desanimen y que lo lleven a renunciar a un lugar de inactividad. Los generales están hechos de soldados que aprenden de sus errores, que se llenan de valentía sabiendo que el Comandante en Jefe tiene más fe en ellos que la que tienen ellos mismos.

Cometer errores viene con el liderazgo, si usted ha de tener éxito y llegar a ser grande, deberá tomar riesgos. Y al tomar riesgos, siempre existe la oportunidad de fallar. Pero la gente exitosa empieza donde sus fracasos terminan. Usted debe alentarse y nunca doblarse bajo el peso de la crítica o el temor al fracaso. El fracaso le da relevancia y significado al éxito. El fracaso y el éxito existen en extremos opuestos del mismo *continuum*. Perseverar a pesar de la resistencia es importante. Es la única manera en que la humanidad ha podido progresar. Sin ello, los hermanos Wright nunca hubieran inventado el aeroplano, y ya no hablemos de la invención de la bombilla. Si Edison no hubiera perseverado seguiríamos montando caballos y conduciendo carromatos y sentados en la oscuridad disfrutando la luz titilante de una vela. Usted debe seguir adelante orando para añadirle presión a sus circunstancias. Dios tiene una respuesta. La oración determinará el resultado. Usted deberá, de una vez, librar su vida devocional de oraciones tipo diligencia del oeste y comenzar a orar de manera supersónica.

Rees Howells es un hombre a quien yo considero un general de oración. Más tarde en su vida, cuando era una de las cabezas de más edad del instituto bíblico que había fundado, quedó impertérrito cuando Dios le dijo que llevara el resultado de la Segunda Guerra Mundial en oración. Canceló clases y le instruyó a los estudiantes y profesores que oraran a lo largo del día y de la noche. Uno de los mandatos que recibió fue orar por la paz de Jerusalén, que significaba asegurarse de que la Tierra Santa no cayera en manos de los nazis. Para Rees esto significaba que a las divisiones de tanques de Erwin Rommel al Norte de África no se les debería permitir la entrada a Egipto, porque si Egipto caía, las tropas Aliadas no tendrían otra barrera entre los alemanes y el resto de Medio Oriente.

En lo máximo de su fervor en oración, la lucha fue encarnizada entre las tropas británicas y la Noventava División Panzer Ligera de Rommel. Años después, en su libro *Pipeline to Battle* (Conducto para la batalla) el Mayor P.

W. Rainer contaría el extraordinario instante de victoria en estos momentos de debilidad:

> El sol casi estaba sobre nosotros, y nuestros hombres estaban llegando rápidamente al final de su resistencia, cuando los nazis se quebraron. Diez minutos más y hubiéramos sido nosotros. Lentamente, enfadados, los tanques Mark IV retrocedieron pesadamente detrás de su humo de batalla. Y luego sucedió algo increíble: 1,100 hombres de la Noventava División Panzer Ligera, la elite del Afrika Korps, vinieron caminando a tropezones con las manos levantadas. Rajadas y negras por la sangre coagulada, sus lenguas hinchadas se les salían de la boca. Desesperados arrancaron las botellas de agua del cuello de nuestros hombres y derramaron sorbos dadores de vida entres sus partidos labios.[1]

Los alemanes habían estado sin agua durante veinticuatro horas cuando encontraron una tubería de agua británica de seis pulgadas. Desesperados, acribillaron con metralleta la tubería y se pusieron sobre su rostro para beber ávidamente el agua que salió. No obstante, la tubería era nueva, y con la escasez de agua potable, las tuberías se probaban con agua salada para ver si tenían fugas. Apenas después de unos sorbos fue que las tropas alemanas se dieron cuenta de su error y la sal rápidamente multiplicó su sed varias veces. Por lo cual se rindieron sin la fuerza de hacer otro disparo. Según resultó, esta fue la batalla que decidió el destino de África del Norte. El editor del libro del Mayor Rainer comentó: "Un suceso tan increíble como este no puede ser tratado como una mera coincidencia. Con toda seguridad la mano del Dios todopoderoso está en evidencia viniendo una vez más en nuestra ayuda cuando los asuntos de peso se encuentran en la balanza".[2] Fue una mano que fue invitada y que se le autorizó jurisdicción por las oraciones de los estudiantes de un instituto bíblico a miles de kilómetros de distancia.

Ninguna gran tarea se ha llevado a cabo sin oración. Martin Luther King Jr., jamás hubiera tenido éxito en la lucha por los derechos civiles sin el inmenso respaldo de los guerreros de oración. El Ejército de Salvación transformó la faz de Inglaterra a finales del siglo XIX con un personal compuesto casi exclusivamente de ex borrachos, ex prostitutas y ex indigentes. ¿Qué había en el centro de todo su trabajo? Oración. Como dijo el General William Booth mismo: "Trabaje como si todo dependiera de su trabajo y ore como si todo dependiera de su oración".[3]

Un general de oración también debe ser marcado por su disciplina tanto en la oración personal como colectiva. El general de oración deberá ser un hombre o una mujer que no solamente ora sino que lo hace hasta ver los resultados.

Tales guerreros de oración se han ganado sus galones a través de llevar las batallas a su victorioso final. Estas son personas que pueden reconocer la voz de Dios, que saben como descargar las estrategias del cielo y que las pueden implementar con éxito hasta obtener los resultados esperados. Esta es la persona que no solamente ora con la misma regularidad con la que respira, sino que cuando él o ella toma su mano para orar en acuerdo con usted, usted siente que el Espíritu de Dios lo envuelve como una cálida bruma. Estas son las personas que hablan con tal unción que sus palabras lo golpean como puñetazos a su estómago si son palabras de corrección o como un néctar refrescante si son palabras de ánimo.

Tales generales de oración son en realidad una raza poco común, pero como usted probablemente esté comenzando a ver, la historia está llena de puntos de quiebre que giraron en la dirección correcta porque ellos estaban orando; guerreros de oración que entienden cómo abrir un conducto del cielo a la tierra sin importar lo difícil de la tarea a mano. Su capacidad para traer el cielo a la tierra con su clamor no fue algo que aprendieron de la noche a la mañana, sino algo que vino con disciplina y perseverancia y dejando a Dios guiarlos paso a paso y oración a oración.

¿POR QUÉ NECESITAMOS
GENERALES DE ORACIÓN?

Estos cinco factores: uno, el camino; dos, el cielo; tres, la tierra; cuatro, el general; cinco, el método y la disciplina; le deberían ser familiares a cada general: los que los conozcan serán victoriosos; los que no fracasarán [...] El general que preste oído a este consejo y lo ponga en práctica conquistará: ¡que quien tal haga sea mantenido a cargo! El general que no preste oído a este consejo ni lo ponga en práctica sufrirá la derrota; ¡que el tal sea desechado!

—*EL ARTE DE LA GUERRA*, 1:11, 15, PARAFRASEADO

En sus *Lectures on Revivals of Religion* (Cátedras sobre los avivamientos de la religión), Carlos Finney enseñó lo siguiente en su mensaje sobre la importancia de la oración que prevalece:

Hay dos tipos de medios que son requisito para promover un avivamiento: uno para influenciar al hombre, el otro para influenciar a Dios. La verdad es empleada para influenciar al hombre, y la oración para mover a Dios [...] La oración es un eslabón esencial en la cadena de causas que llevan a un avivamiento, tanto o igual que la verdad. Algunos han utilizado celosamente la verdad para convertir a los hombres, y han puesto sumamente poco esfuerzo en orar. Han predicado, y hablado, y han distribuido tratados con gran celo, y luego se han preguntado por qué tuvieron tan poco éxito. Y la razón fue, que se olvidaron de usar la otra rama de los medios, la oración eficaz. Descuidaron el hecho de que la verdad por sí sola nunca producirá el efecto sin el Espíritu de Dios, y que el Espíritu es dado en respuesta a la oración.[4]

Finney tenía razones para saberlo. Su primera serie de reuniones de *avivamiento* en Evans Mill, Nueva York, no comenzaron tan bien. Después de unas semanas, solamente se las había arreglado para convencer a personas que ya asistían a la iglesia a que rededicaran su vida a Dios. En esos días un ministro de mayor edad llamado Daniel Nash vino a la ciudad. Finney conoció a Nash porque fue parte de la junta que lo ordenó. Era un ministro hosco y seco que Finney pensó era de poca utilidad para la causa de Cristo; no obstante, eso fue antes de que el reverendo Nash tuviera su propio avivamiento personal.

Al haber sido afligido por una enfermedad que inflamó sus ojos, la menor titilación de una vela le provocaba a Nash un gran dolor. Así que se encerró en un cuarto oscuro varias semanas tratando de recuperarse. Sin nada más que hacer, Nash decidió utilizar el tiempo para orar, y la experiencia transformó su vida. Nash emergió de ese cuarto no solamente sanado físicamente, sino rejuvenecido espiritualmente. ¡Cambió de ser un predicador de sermones monótonos a un hombre de ferviente intercesión!

Uno de los mayores obstáculos de Finney en Evans Mill fue el dueño de una taberna que se oponía abiertamente a sus reuniones. Esta persona abordaba a cualquier cristiano que se cruzara en su camino burlándose en alta voz y gritándole obscenidades. Al enterarse de este "caso difícil" como Finney lo llamó, Nash anotó el nombre de esta persona en una lista que llevaba en su bolsillo. No dijo más al respecto. Se quedó un día o dos más y luego siguió su camino.

No muchos días después el infame propietario de la taberna entró a una de las reuniones. Se escuchó cómo un murmullo recorrió todo el lugar cuando la gente lo vio entrar. Muchos sospechaban que venía a causar problemas. Algunos incluso se levantaron y se fueron por temor a ser atacados en cualquier trifulca a la que este hombre le diera inicio. Finney lo vio mientras seguía predicando y notó que el hombre parecía incómodo y ansioso. De pronto, el hombre se puso de pie, temblando visiblemente, y pidió si podía decir algunas palabras. Finney, suspicaz, pero con todavía mayor curiosidad por lo que el hombre fuera a decir le permitió usar la palabra.

Durante los minutos siguientes el hombre hizo la confesión más sentida de sus pecados que Finney jamás había escuchado. Al parecer abordó cada aspecto de su propia depravación y su manera de tratar a Dios. Luego pidió perdón y le entregó su vida a Jesús.

En las semanas siguientes el avivamiento barrió Evans Mill y se difundió a las comunidades de los alrededores. Para el momento en que Finney finalmente se fue casi seis meses después, el tabernero estaba dirigiendo una reunión de oración todas las noches justo en su propia taberna.[5]

La diferencia no estuvo en lo que Finney había predicado esa noche, sino en las oraciones ofrecidas por un hombre que, hasta cierto punto, el mismo Finney pensó que no tenía fe o valor para el Reino de Dios.

En los años que siguieron, Daniel Nash, quien llegó a ser conocido como el "Padre Nash" y Carlos Finney se hicieron amigos cercanos. El Padre Nash, algunas veces con otros, y otras veces solo, entraba a las ciudades donde sabía que Finney iría pronto a predicar y conseguía un lugar donde hospedarse. Luego se encerraba durante días seguidos y oraba porque cayera el Espíritu Santo. Finney escribió el siguiente relato acerca de una ocasión así:

En cierta ocasión cuando llegué a una ciudad para comenzar un avivamiento me contactó una dama que tenía una casa de huéspedes. Ella dijo: "Hermano,

Finney, ¿conoce a un tal Padre Nash? Él y otros dos hombres han estado en mi casa de huéspedes los últimos tres días, pero no han comido bocado. Abrí la puerta para espiarlos porque los escuché gemir, y los vi postrados sobre su rostro. Han estado así durante tres días, postrados en el piso y gimiendo. Pensé que algo terrible quizá les había sucedido. Me dio miedo entrar y no supe qué hacer. ¿Podría venir por favor a ver qué tienen?".

"No es necesario" respondió Finney. "Simplemente tienen un espíritu de tribulación en oración".[6]

Finney y Nash trabajaron juntos de esta manera durante los siguientes años. Luego en 1830, surgió un avivamiento increíble en Rochester. Aunque la ciudad contaba con diez mil habitantes, más de cien mil personas fueron salvas. Las calles se vaciaban tanto durante las reuniones de Finney que las tiendas cerraban para que los empleados pudieran asistir. Los bares fueron cerrados por falta de clientes. Los teatros cerraron o llevaban a cabo reuniones de oración en lugar de sus espectáculos usuales. La tasa de criminalidad disminuyó dramáticamente y se mantuvo así durante años. Las organizaciones de caridad florecieron. Se decía que uno no podía salir a la calle sin escuchar a alguien hablando acerca de Jesús o discutir un asunto religioso.

Y no solamente eso, sino que en la historia del ministerio

de Finney, alrededor del 80 por ciento de esas personas que se convirtieron permanecieron fieles a su fe por el resto de su vida. Para la mayoría de los avivamientos de la actualidad, tenemos suerte si solamente el 80 por ciento cae y regresa a su vida anterior.

Daniel Nash murió el 20 de diciembre de 1831, menos de un año después de que las reuniones de avivamiento en Rochester terminaron. Tenía cincuenta y nueve años. Finney no vio otro avivamiento por el resto de su vida. De hecho, menos de cuatro meses después de la muerte de Nash, dejó de viajar y se hizo pastor en Nueva York."[7]

¿Dónde están los Padres Nash de la actualidad? ¿Dónde están intercesores como Rees Howells, George Müller, Catherine Booth y otros que se rehusaban a comenzar otra actividad a menos de que estuviera fundada en oración? Cada uno de estos, en su propia manera única, oraban para traer el cielo a la tierra hasta que sucedía. ¿Habrá todavía hoy generales de oración como estos que anduvieron en la tierra?

Creo que los hay. Hay una nueva generación de generales de oración que están sacudiendo la tierra con el poder atómico de sus decretos llenos de fe. En esta hora, estos generales de oración están entrando en posición. Se está llevando a cabo un cambio en este planeta. Hoy hay ministerios surgiendo alrededor del globo enfocados *exclusivamente* en oración. En 1999, Pete Greig, por ejemplo, lanzó la Oración 24-7 en el Reino Unido solo a unos meses de que

Mike Bickle y su equipo comenzaran a orar veinticuatro horas al día en la International House of Prayer de Kansas City. Ambos ministerios han estado orando todo el tiempo desde entonces; desde hace más de diez años.

En 2007, en su congreso internacional, Oración 24-7 anunció que tenía más de seiscientos cuartos de oración en todo el mundo que se habían registrado en su sitio en internet. Luego alguien de Brasil les dijo que se habían abierto mil cien cuartos allá. Los milagros son lo común, mientras más y más personas se están reuniendo a orar todo el tiempo.

Un grupo de Uganda recibió palabra del Señor mientras estaban orando en su cuarto de oración 24-7 —varios de ellos recibieron la palabra *Kacunga* en su espíritu. Nadie sabía lo que significaba. Investigaron un poco y descubrieron que era el nombre de una isla en el lago Victoria. Enviaron un equipo allá y encontraron una tribu remota que nadie sabía que estaba allí. Tristemente, se enteraron de que más de 90 por ciento de los isleños estaban infectados de VIH/SIDA. Predicaron en la aldea y cincuenta personas se convirtieron al Señor. También plantaron una iglesia antes de irse. Ahora siguen alcanzando otras islas remotas e incluso abrieron un cuarto de oración 24-7 en Bagdad, Irak; pudieron establecer una iglesia donde ningún estadounidense hubiera podido hacerlo de manera segura. Es por medio de aprovechar el poder de Dios a través de la oración que convierte lo que parece imposible en posible. Y *siempre* comienza con oración.

Alrededor del mundo están emergiendo otras organizaciones dedicadas a soltar el poder de la oración. Mi propio ministerio, Cindy Trimm International, es una de ellas. CTI organiza una Cumbre Mundial de Oración anual donde miles se reúnen de alrededor del mundo para buscar al Señor y orar por las naciones.

Dios se está moviendo entre una nueva generación, y todo se trata de la oración. La Iglesia hizo un gran trabajo en el siglo XX predicando el Evangelio, pero hoy, la evangelización en las calles y en los medios al parecer solamente genera debate público de manera que la gente está más confundida que nunca sobre la verdad. No necesitamos mejores formas de evangelización o presentaciones del Evangelio más inteligentes. Lo que necesitamos es una nueva unción del Espíritu Santo como la que tuvo Finney en sus reuniones, o como los primeros metodistas presenciaron en el Gran Despertar, o lo que barrió con las reuniones a campo abierto en Kentucky durante los primeros veranos del siglo XIX. Ya no se trata de convencer a la gente de que Jesús es "el camino, y la verdad, y la vida" (Juan 14:6); sino de abrirle el espacio para mostrarse como Amo sobre la debilidad, el fracaso, los problemas humanos y los sociales. No necesitamos sermones más inteligentes o informes de lectura dominicales matutinos; necesitamos que Dios se presente.

Cuando Pablo estaba en Atenas, fue al monte de Marte y trató de convencer a los *sabios* atenienses de que deberían volverse a Jesús, a quien ellos ya adoraban como "el dios no conocido". Escuchen que les dijo:

Entonces Pablo, puesto en pie en medio del Areópago, dijo: Varones atenienses, en todo observo que sois muy religiosos; porque pasando y mirando vuestros santuarios, hallé también un altar en el cual estaba esta inscripción: AL DIOS NO CONOCIDO. Al que vosotros adoráis, pues, sin conocerle, es a quien yo os anuncio. El Dios que hizo el mundo y todas las cosas que en él hay, siendo Señor del cielo y de la tierra, no habita en templos hechos por manos humanas, ni es honrado por manos de hombres, como si necesitase de algo; pues él es quien da a todos vida y aliento y todas las cosas. Y de una sangre ha hecho todo el linaje de los hombres, para que habiten sobre toda la faz de la tierra; y les ha prefijado el orden de los tiempos, y los límites de su habitación; para que busquen a Dios, si en alguna manera, palpando, puedan hallarle, aunque ciertamente no está lejos de cada uno de nosotros.

—Hechos 17:22–27

¿Qué sucedió en Atenas? No mucho. No tenemos registro de que se haya iniciado una iglesia allá. No tenemos la "Epístola a la Iglesia en Atenas" en la Biblia. ¡Lo único que hizo Pablo fue fomentar más debate filosófico! Incluso el gran orador Pablo no pudo impresionar a la elite intelectual de la antigua Atenas.

Así que Pablo regresa a orar y se dirige a la escandalosa ciudad portuaria de Corinto. Mire lo que escribe acerca de su ministerio allí:

> Así que, hermanos, cuando fui a vosotros para anunciaros el testimonio de Dios, no fui con excelencia de palabras o de sabiduría. Pues me propuse no saber entre vosotros cosa alguna sino a Jesucristo, y a éste crucificado. Y estuve entre vosotros con debilidad, y mucho temor y temblor; y ni mi palabra ni mi predicación fue con palabras persuasivas de humana sabiduría, sino con demostración del Espíritu y de poder, para que vuestra fe no esté fundada en la sabiduría de los hombres, sino en el poder de Dios.
>
> —1 Corintios 2:1–5

El avivamiento en esa ciudad la sacudió hasta los cimientos. La Iglesia de Corinto ciertamente tuvo sus problemas, pero más que nada tenían que ver con que creció tan rápido que no podían con la demanda de dirección y enseñanza.

Su problema era un exceso del suministro de dones del Espíritu y una escasez de sana doctrina. ¡Actualmente tenemos demasiados maestros y no hay suficientes nuevos creyentes! ¡Ay, que tuviéramos hoy los problemas del crecimiento explosivo de Corinto! ¡Nuestras naciones serían transformadas de un día para otro y nuestras iglesias estarían inundadas de propósito! Hasta que traigamos el poder de la oración para sostener nuestras iglesias y naciones "e infundir esa oración con el poder del 'Dios de las huestes celestiales'"[8] nuestras iglesias y naciones seguirán estando atadas por el dios de este mundo.

Lo que necesitamos ahora son estrategas de oración que se tomen firmemente del cielo y no lo suelten hasta recibir la dirección divina de Dios. A medida que Dios levanta Mike Bickles y Pete Griegs e incontables otros dedicados a la oración de quienes ni hemos escuchado, ¿se levantará usted para clamar al cielo y ser parte de entrar en la gloria final de Dios?

> Y todo lo que pidiereis en oración, creyendo, lo recibiréis.
>
> —MATEO 21:22

> Y yo os digo: Pedid, y se os dará; buscad, y hallaréis; llamad, y se os abrirá.
>
> —LUCAS 11:9

Si permanecéis en mí, y mis palabras permanecen en vosotros, pedid todo lo que queréis, y os será hecho. En esto es glorificado mi Padre, en que llevéis mucho fruto, y seáis así mis discípulos.

—Juan 15:7-8

Cinco

EL MÉTODO Y LA DISCIPLINA

*Por método y disciplina se debe entender
organizar a las tropas en sus subdivisiones adecuadas,
la cadena de mando, la administración de la logística
y el dominio adecuado sobre finanzas y recursos.*

—*EL ARTE DE LA GUERRA*, 1:10, PARAFRASEADO

NO HAY NECESIDAD de un general si no hay ejército. No hay disciplina en las filas, sino no hay disciplina en sus comandantes. Mientras que los generales deben finalmente aprender a comandar grandes ejércitos, a menudo comienzan como soldados de a pie, primero aprendiendo las disciplinas y métodos de mandarse a sí mismos. Por eso es que del fruto del Espíritu en Gálatas 5:22–23: "Amor, gozo, paz, paciencia, benignidad, bondad, fe, mansedumbre, templanza", la templanza o dominio propio es el último de la lista, y por lo tanto el primero que debe ser dominado.

Cualquier soldado asignado a un batallón o unidad militar primero es disciplinado en entrenamiento. Del entrenamiento básico en adelante, cada avance en rango y habilidad requiere el continuo crecimiento de las estrategias y maniobras tácticas, así como familiaridad con los sistemas de armamento y la manera de interpretar informes de inteligencia. La disciplina ordenada de un guerrero de oración posiciona al recluta para resistir y perseverar incluso en las circunstancias más difíciles. Los obstáculos en el Espíritu que retienen las bendiciones de Dios hacia la tierra solamente pueden ser destruidas por medio de oración persistente y disciplinada. Es la afirmación regular de la oración que destruye las torres y sistemas de defensa del enemigo.

Jesús nos llamó a estar creciendo constantemente en tales tácticas y disciplinas. Aunque espera que vayamos a Él como sus hijos y que jamás perdamos la confianza en Él semejante a la de un niño, también espera que crezcamos y que nos convirtamos en embajadores capaces ministrándole a otros como Él lo haría en la tierra.

> Para que ya no seamos niños fluctuantes, llevados por doquiera de todo viento de doctrina, por estratagema de hombres que para engañar emplean con astucia las artimañas del error, sino que siguiendo la

verdad en amor, crezcamos en todo en aquel que es la cabeza, esto es, Cristo.

—Efesios 4:14–15

Al embarcarnos en toda una vida de seguir a Jesús, debemos crecer y madurar en nuestra fe si es que vamos a marcar una diferencia para el Reino de Dios. Al crecer en Cristo, aprendemos nuevas habilidades y desarrollamos hábitos divinos. Nuestro nivel de destreza aumenta en nuestras habilidades y talentos. Nos distinguimos por la excelencia alcanzada y la aparente facilidad con la que seguimos a Jesús. El dominio de las habilidades y las técnicas en cualquier actividad lo hace destacar como alguien que no es superficial en su búsqueda. Lo mismo sucede con los que buscan a Dios a través de la oración.

Cuando llega a orar con excelencia, aprende a llevar registro de sus oraciones, a programar tiempos de oración disciplinada, a ayunar y a perseverar en el Espíritu hasta que las circunstancias por las que está orando se inclinen a la voluntad de Dios. Cualquiera puede aprender a dominar la oración, aunque ese dominio vendrá de diferentes formas con juegos de habilidades variadas según el individuo. A medida que crezca en competencia de oración, el Espíritu Santo ayuda a aprovisionar una disciplina de entrenamiento creada de manera única para su misión en la tierra No hay dos vidas de oración que sean iguales, ni tendrán el mismo énfasis o enfoque. Sin embargo, puestas una al lado de la otra no es difícil ver como una complementa a la otra. Uno no solamente puede aprender de orar con otros, sino que orar juntos también tiene un efecto compuesto en los cielos. Entre más ore y más experiencia acumule en oración, más emergerán sus deseos y diseños únicos, ordenados por Dios. Usted no puede descuidarlos o comprometerlos; de otra manera fallará en la parte específica del plan general al que Dios lo ha llamado.

Más que cualquier otro aspecto de seguir a Jesús los métodos de oración, las técnicas y las tácticas no se delinean en la Escritura en pasos fáciles de seguir. De hecho, se enseña poco sobre *cómo orar* en comparación con *cuándo orar*. Como creyente cuando se trata de orar la Biblia parece enfatizar que aprendamos a orar a través de la experiencia y que obtengamos la más experiencia posible por medio de permanecer *firmes* y *constantes* en la oración. Como ya hemos mencionado, Pablo nos dijo que debemos orar "sin cesar" (1 Tesalonicenses 5:17). Así que, más que ninguna otra cosa, simplemente ¡sea consistente, sea consistente, SEA CONSISTENTE en sus momentos de oración! Usted obtendrá una tenacidad de espíritu cuando se mantenga enfocado inexorablemente enfocado en buscar a Dios en oración. Mire con atención los asuntos que Dios le ha expuesto en el plano del Espíritu. Ore con fuerza y perseverancia. Una vez que su enfoque esté fijo, la intensidad de la oración deberá ir escalando hasta que desmantele los movimientos ilegales del reino satánico. El término *vigilante* connota una mirada o golpe de vista, que desafía que nada se mueva de su tiempo u orden. Es un privilegio moverse con este tipo de intensidad en oración sin distracciones ni disuasiones.

Al estar hablando de oración recientemente un amigo me dijo algo que leyó en el ensayo "Seeing" (Viendo).[1] El ensayo hablaba de las operaciones en la década de los cincuenta en las que se les había dado la vista a algunas personas que habían nacido ciegas. Estas personas eran de diferentes edades, desde niños pequeños hasta gente en sus cincuentas y sesentas. Las operaciones habían tenido resultados sorprendentes. Aunque facultaban a los ojos de estas personas a funcionar normalmente no comenzaron a caminar de inmediato como cualquier otra persona. Más bien veían todo como manchas de color con claroscuros. Todo parecía plano, no tenían percepción de profundidad y cada vez que algo salía de su vista detrás de otro objeto (un perro que se escondía detrás de una silla, por ejemplo), quedaban al principio impresionados. El mundo que habían conocido durante años era sumamente distinto del que ahora percibían.

Lo que estaba sucediendo es que estaban viendo el mundo como un bebé lo ve por primera vez al salir del vientre, porque su cerebro tenía que aprender a interpretar los estímulos que sus ojos les estaban dando. No podían distinguir una cara de una planta excepto por la voz que les hablaba desde cierta dirección. Para acostumbrarse a este nuevo mundo, un hombre se sentó en la orilla de su cama, lanzó su zapato frente a él, luego dio varios pasos hacia él, trató de tomarlo y luego volvió a intentarlo si es que no había ido lo suficientemente lejos para alcanzarlo. No tenían concepto de distancia o espacio excepto que para llegar a un lugar se requerían más pasos que para llegar a otro, no obstante, todo el mundo más allá de ello no era más grande que lo que podían tocar inmediatamente a su alrededor. Una joven estaba tan alarmada y desorientada por lo que estaba percibiendo que prefería cerrar los ojos para moverse en su casa en lugar de confundirse con todo lo que veía. Otros estaban tan abrumados por el nuevo sentido que cayeron en apatía y desaliento.

Creo que sucede lo mismo cuando nacemos de nuevo o somos nacidos "del Espíritu" (Juan 3:6), como Jesús lo llamó. Cuando esto sucede, de pronto tenemos un juego de sentidos completamente nuevo. Sentidos que perciben en el plano espiritual de la misma manera que nuestros sentidos naturales perciben el mundo físico. Sin embargo, como no recordamos lo difícil que fue aprender a utilizar nuestros sentidos al crecer de bebés a niños, como cristianos con frecuencia nos detenemos delante de estas mismas dificultades cuando tratamos de entender lo que percibimos espiritualmente. Como el hombre que sanó Jesús de la ceguera y que vio por primera vez a "los hombres como árboles, pero los veo que andan" (Marcos 8:24), necesitamos un toque adicional de Cristo o más experiencia aprendiendo a ver antes de que podamos realmente entender la naturaleza abrumadora de percibir y comprender lo espiritual.

Este tipo de perspectiva espiritual nos ayuda a orar desde el punto de ventaja correcto. Dios le dijo a Juan en Apocalipsis 4:1 que subiera para que pudiera tener una mejor perspectiva. La conciencia y vista espiritual de Dios se requieren para orar desde la perspectiva de Dios. Usted debe ver las situaciones y a las personas como Dios las ve, o si no sus oraciones posiblemente estén actuando en contra de los designios de Dios más que en acuerdo con ellos. Usted desea mantenerse sentado en el plano celestial "en Cristo" para que pueda ser testigo de los movimientos del adversario y pararse en la brecha por los que todavía no entienden la verdadera naturaleza de las cosas del Espíritu. Cuando usted puede ver el paisaje y los territorios como Dios los ve entonces puede ver el esquema estratégico del plan de Dios, entonces sus oraciones toman una potencia e intensidad que aniquilan las intrusiones satánicas.

Lo que no queremos es estar entre los que prefieren cerrar los ojos y regresar a depender de sus sentidos naturales solamente para que les informen la verdad de la naturaleza del universo. ¡Esto es lo que la iglesia en general ha hecho! ¿Por qué? Porque las percepciones espirituales pueden parecer tan extrañas y hacernos sentir sumamente incómodos. La gente que está luchando por comprenderlas puede cometer errores en sus interpretaciones y para muchas personas esto las hace dudar de su veracidad. Creen que estas personas están inventando cosas para llamar la atención en lugar de luchar por entender los destellos que Dios les ha dado de su perspectiva. Por supuesto, esto da una buena razón para no proclamar lo que Dios le está mostrando en oración hasta que esté seguro de que lo entiende y que es verdaderamente de Dios. Pero esto no justifica la tentación de ir por la vida con sus ojos espirituales cerrados simplemente porque es más fácil. Todo lo que usted está haciendo entonces es mantenerse a raya de tener algún valor para el Reino de los Cielos y deambular como otra persona ciega más entre los ciegos.

Por lo tanto, como personas nacidas de Dios, con nuevos sentidos espirituales subdesarrollados, cuando venimos a Dios en oración, no solamente es un momento para presentar nuestras preocupaciones y peticiones delante de Dios, sino también es un tiempo para cerrar nuestros ojos físicos y percibir con nuestros ojos espirituales. Es tiempo de abrir nuestros oídos espirituales y escuchar que el Espíritu Santo nos hable. Muchas veces lo confundimos con nuestros propios pensamientos (y algunas veces confundimos nuestros propios pensamientos con las palabras del Espíritu Santo), pero con práctica, como los infantes aprenden a distinguir la voz de su madre del resto de las voces del mundo, así aprendemos a reconocer la voz del Buen Pastor. Como Pablo citó a Isaías: "Cosas que ojo no vio (físicamente), ni oído oyó (físicamente), ni han subido en corazón de hombre (entendimiento), son las que Dios ha preparado para los que le aman" (1 Corintios 2:9, insertos añadidos). Tales cosas deben ser percibidas espiritualmente, y tal sintonía espiritual con las cosas de Dios viene a través de la oración.

Esta alineación espiritual, esta madurez y disciplina de nuestros sentidos espirituales, es para comprender lo que Dios le está mostrando y distinguir de manera precisa sus enseñanzas directas, pero no se desarrolla de un día a otro. Así como un infante crece y se convierte en un niño y el niño en un adulto, así es cuando somos nacidos de nuevo, aprendemos a interpretar correctamente nuestras percepciones espirituales a medida que nos disciplinamos para orar y sondear el misterio de conocer a Dios. Antes de que pueda ser el líder de otros guerreros de oración, usted primero deberá dominar la disciplina y métodos de su propia vida de oración. Antes de que pueda tener la esperanza de ayudar a organizar a otros en batallones de oración, usted deberá primero haber luchado a través de algunas batallas propias como soldado de a pie.

Cómo convertirse
en general de oración

> El general que gana una batalla hace muchos cálculos en su templo donde se libra la batalla. El general que pierde una batalla solamente hace pocos cálculos antes. Por lo tanto muchos cálculos llevan a la victoria y pocos cálculos a la derrota; ¡cuanto más no hacer ningún cálculo! Es mediante la atención a este punto que puedo prever quien probablemente gane o pierda [...] el general es el baluarte de la iglesia; si el baluarte está completo en todos los puntos, la iglesia será fuerte; si el baluarte tiene debilidades, la iglesia será débil.
>
> —*El arte de la guerra*, 1:26; 3:11, parafraseado

Lo principal que diferencia a un general de oración de un soldado de a pie es la experiencia en la batalla, la capacitación en tácticas, saber cómo recibir estrategias del cielo —directo del trono del comandante en jefe— e implementarlas con éxito. Por lo tanto, un general de oración es minucioso y meticuloso al escuchar del cielo, y sistemático y preciso para obedecer las instrucciones de Dios. La diferencia probablemente se pueda ver con mayor facilidad en la vida de dos comandantes en jefe de Israel: Saúl y David.

Mientras que es verdad que es más importante dónde

se termina que dónde se empieza, a Saúl pocas veces se le reconoce el potencial que tenía como líder. Si en un salón lleno de candidatos para rey de Israel, hubieran estado presentes David y Saúl con una multitud de otros, Saúl con su carisma y estatura se hubiera destacado fácilmente y probablemente nosotros lo hubiéramos seleccionado. La Biblia de hecho nos dice que Saúl era "joven y hermoso. Entre los hijos de Israel no había otro más hermoso que él; de hombros arriba sobrepasaba a cualquiera del pueblo" (1 Samuel 9:2). Provenía de una familia acaudalada y los hombres lo seguían de manera natural. Cuando Samuel lo conoció por primera vez era humilde y cortés (1 Samuel 9:17-21). Era un guerrero exitoso. Dios le dio un nuevo corazón para ser el líder de Israel e incluso habló proféticamente (1 Samuel 10:9-13). Cuando Samuel lo presentó como su nuevo rey, dijo: "¿Habéis visto al que ha elegido Jehová, que no hay semejante a él en todo el pueblo? Entonces el pueblo clamó con alegría, diciendo: ¡Viva el rey!" (1 Samuel 10:24).

En los tres años siguiente, Saúl y su hijo Jonatán continuamente derrotaron a los enemigos de Israel. Luego, cuando una fuerza de filisteos de treinta mil carros, seis mil hombres de a caballo e innumerables soldados de a pie se juntaron en la frontera de Israel preparándose para invadir, Samuel pidió que se hiciera un sacrificio antes de la batalla. Le dijo a Saúl y sus tropas que estaría allí en siete días, y que debían esperarlo para hacer el sacrificio.

Sin embargo, pasaron los siete días y Samuel no apareció. Saúl miró a su alrededor y vio que las tribus de Israel reunidas para este evento se estaban poniendo inquietas, especialmente delante de una fuerza enemiga que era mayor de lo que jamás habían enfrentado antes. Saúl se convenció de que las tribus se irían si no se hacía algo pronto, así que tomo el asunto en sus propias manos y pidió que le trajeran la ofrenda de paz para que la ofreciera. Después de todo era algo que el rey debía hacer. Alguien tenía que tomar el liderazgo. El asunto tenía que parar en algún lado, así que Saúl tomo la decisión difícil, mordió la bala y se responsabilizó de ofrecer el sacrificio. Era lo lógico y lo que se esperaba de él.

Pero no era lo piadoso.

Samuel subió el monte tan pronto el sacrificio había terminado y no estaba feliz. Saúl trató de explicar su decisión.

> Entonces Samuel dijo: ¿Qué has hecho? Y Saúl respondió: Porque vi que el pueblo se me desertaba, y que tú no venías dentro del plazo señalado, y que los filisteos estaban reunidos en Micmas, me dije: Ahora descenderán los filisteos contra mí a Gilgal, y yo no he implorado el favor de Jehová. *Me esforcé, pues, y ofrecí holocausto.*
>
> —1 Samuel 13:11–12, énfasis añadido

Pero Samuel le respondió:

> Entonces Samuel dijo a Saúl: Locamente has hecho;
> no guardaste el mandamiento de Jehová tu Dios que
> él te había ordenado; *pues ahora Jehová hubiera con-*
> *firmado tu reino sobre Israel para siempre.* Mas ahora
> tu reino no será duradero. Jehová se ha buscado
> un varón conforme a su corazón, al cual Jehová ha
> designado para que sea príncipe sobre su pueblo, por
> cuanto tú no has guardado lo que Jehová te mandó.
> —1 SAMUEL 13:13–14, ÉNFASIS AÑADIDO

Lo que dice Samuel aquí es sumamente interesante. Dios no escogió a un perdedor a propósito para demostrarle a Israel lo que sucedería si escogían ser gobernados por un rey en lugar de por el sistema de jueces que Él había seña-lado. Dios estaba listo para respaldar a Saúl por completo y establecer su linaje de reyes en Israel *para siempre.* Hasta este punto, cada batalla, cada decisión real, cada desafío había sido una prueba para el carácter de Saúl, y él las había estado pasando todas con honores. Ahora, de cara a su mayor desafío hasta el momento, ¿confiaría Saúl en la pala-bra que el Señor le había enviado o confiaría en su propia sabiduría? Cuando vino la presión, Saúl confió más en el mismo que en Dios.

Pero Dios no se había rendido con Saúl. Siguió librando a Israel bajo su liderazgo y el de sus hijos. Entonces vino el momento para otra prueba. Dios envió a Samuel a Saúl con instrucciones sumamente específicas.

> Después Samuel dijo a Saúl: Jehová me envió a que te ungiese por rey sobre su pueblo Israel; ahora, pues, está atento a las palabras de Jehová. Así ha dicho Jehová de los ejércitos: Yo castigaré lo que hizo Amalec a Israel al oponérsele en el camino cuando subía de Egipto. Ve, pues, y hiere a Amalec, y destruye todo lo que tiene, y no te apiades de él; mata a hombres, mujeres, niños, y aun los de pecho, vacas, ovejas, camellos y asnos.
>
> —1 Samuel 15:1–3

En efecto, Dios estaba diciendo: "Los amalecitas se han convertido en una abominación tal que necesitas limpiar la tierra de ellos; ¡de ellos y de lo que jamás hayan tocado!". Aunque parece fuerte para nuestras sensibilidades modernas, en este momento Dios sabía que Israel debía ser separado de las naciones paganas o caería de nuevo bajo su influencia y se apartarían de Dios una y otra vez. Así que los amalecitas debían ser destruidos como un acto de obediencia para la futura integridad de Israel.

Pero Saúl nuevamente parecía tener una mejor idea. Como era la costumbre de la época, como un gesto de respeto de un rey al otro, decidió no matar al rey amalecita sino llevarlo cautivo. Luego cuando llegaron a lo mejor de las posesiones de los amalecitas, no pudo llevarse a sí mismo a desperdiciarlas, así que las trajo de vuelta consigo como *sacrificios* para Dios. En cada decisión, cedió con base en un razonamiento lógico, convenciéndose a sí mismo de que Dios entendería. Después de todo, había hecho lo que Dios quería en un principio al destruir las aldeas y matar a la *mayoría* de la gente y a sus animales. Sintió que debía guardar el espíritu del mandamiento, y seguramente Dios consideraría sus razones y estaría de acuerdo.

Pero a Dios no le agradó.

> Y Samuel dijo: ¿Se complace Jehová tanto en los holocaustos y víctimas, como en que se obedezca a las palabras de Jehová? Ciertamente el obedecer es mejor que los sacrificios, y el prestar atención que la grosura de los carneros. Porque como pecado de adivinación es la rebelión, y como ídolos e idolatría la obstinación. Por cuanto tú desechaste la palabra de Jehová, él también te ha desechado para que no seas rey.
>
> —1 Samuel 15:22–23

Samuel conocía el corazón de Saúl. De hecho Saúl buscó al Señor, pero no por querer conocer a *Dios mismo*; su fidelidad solamente era un medio para sus propios fines. Quería éxito para sí mismo y para Israel, pero era por su propia popularidad y estatus. Cuando vino el tiempo de la prueba, se inclinó a la costumbre local y no a la voluntad de Dios. Escuchó a sus comandantes y generales e hizo lo que ellos querían. Así que conservaron lo mejor como botín —con la excusa de que todo sería sacrificado— en lugar de escuchar lo que Dios había mandado. Por lo tanto sus oraciones fueron rebeldes, al punto de ser hechicería: meterse en las *artes espirituales* con el fin de influenciar o controlar las acciones de los demás. Su presunción de pensar que podía cambiar las estrategias directas de Dios para beneficiarse a sí mismo fue un acto de poner su deseo por las cosas antes de su deseo por Dios, lo cual no era mejor que inclinarse delante de una imagen de talla y pensar que le daría todo lo que quería.

Al escuchar la represión, Saúl apeló a Samuel para ser perdonado, pero era demasiado tarde. Samuel pidió que le trajeran al rey de los amalecitas. Sacó su espada y acto seguido mató al amalecita, luego se marchó para ungir un nuevo rey.

David sería diferente.

David permaneció en casa de su padre hasta que fue llamado a casa de Saúl como músico para calmar el estado cada vez más atormentado del rey. Cuando David alababa, los demonios huían. Saúl y su corte notaron algo especial en David así que Saúl lo hizo su paje de armas

Luego David fue enviado por su padre para llevarle comida a sus hermanos en las líneas del frente de la batalla con los filisteos. En el minuto que escuchó las amenazas de Goliat, se ofendió no tanto por Israel, sino por la vergüenza que estaba trayendo a su Dios. Así que por el poder de Dios y por su gloria, David mató al gigante y recibió todavía más favor en las cortes de Israel. Eso duró, por supuesto, hasta que Saúl se llenó de celos, y David fue obligado a huir por su vida.

David podría haber escogido la amargura o buscar venganza, pero en lugar de ello escogió buscar a Dios. En dolor entró en la presencia de Dios y allí encontró un amor por su enemigo que no podía vencer. Creo que el corazón de David se quebrantó por Saúl justo como el de Dios. En el resto de su historia, encontramos a David yendo delante de Dios antes de cada batalla para conocer su voluntad. Al principio de su vida cuando Saúl buscaba el consejo de Dios, siempre lo vemos acudiendo a Samuel o a un sacerdote, pero David se fue directo con Dios. Más tarde en su vida, Saúl buscaría el consejo de adivinos y brujas, incluso para traer el espíritu de Samuel para aconsejarle. Saúl quería respuestas; David al Respondedor.

David no tenía corazón para un intermediario con Dios. La Escritura en repetidas ocasiones registra como David al acudir a los sacerdotes, se ponía el efod —una túnica sacerdotal formal— mostrando su humildad y sinceridad y luego inquiría del Señor él mismo. Siempre se quedaba en oración hasta escuchar de Dios, y luego de inmediato salía y hacía lo que había escuchado que hiciera. Mientras que Saúl siempre quería estar en buenos términos con los demás líderes, a David solamente le importaba estar bien con Dios y tener su consejo sobre qué hacer después. Los Salmos están repletos de Escrituras que hablan del hambre de David por Dios y su deseo de ser dirigido solamente por Él. Considere, por ejemplo, el Salmo 69, y contrástelo con las palabras de Samuel a Saúl de 1 Samuel 15:

> Sálvame, oh Dios, porque las aguas han entrado hasta el alma. Estoy hundido en cieno profundo, donde no puedo hacer pie; he venido a abismos de aguas, y la corriente me ha anegado. Cansado estoy de llamar; mi garganta se ha enronquecido; han desfallecido mis ojos esperando a mi Dios [...] Porque me consumió el celo de tu casa; y los denuestos de los que te vituperaban cayeron sobre mí [...] Pero yo a ti oraba, oh Jehová, al tiempo de tu buena voluntad; oh Dios, por la abundancia de tu misericordia, por la verdad de tu salvación, escúchame. Sácame del lodo, y no sea yo sumergido; sea yo libertado de los que me aborrecen, y de lo profundo de las aguas [...] Acércate a mi alma, redímela; líbrame a causa de mis enemigos [...] Alabaré yo el nombre de Dios con cántico, lo

exaltaré con alabanza. *Y agradará a Jehová más que sacrificio de buey*, o becerro que tiene cuernos y pezuñas; lo verán los oprimidos, y se gozarán. Buscad a Dios, y vivirá vuestro corazón.

—SALMOS 69:1–3, 9, 13–14, 18, 30–32,

ÉNFASIS AÑADIDO

Mientras que Samuel tuvo que reprender a Saúl diciéndole que la obediencia era mejor que el sacrificio, David sabía que alabar a Dios y buscarlo en todo era una ofrenda todavía mejor. Incluso cuando David se volvió complaciente, y que se quedó en casa en lugar de ir a la batalla y que cayó en pecado con Betsabé, no buscó el perdón de los hombres como Saúl había buscado el perdón de Samuel. En lugar de ello, se lanzó sobre su rostro delante de Dios en arrepentimiento. Estas diferencias son notables. Para Saúl su religión era un medio para su propia grandeza y gratificación; para David su religión era el medio hacia el gran Dios que es "galardonador de los que le buscan." (Hebreos 11:6). Hay una gran diferencia entre ambos.

Los generales de oración que Dios está llamando de esta generación para las batallas del siglo XXI tendrán el corazón de David y no de Saúl. Serán hombres y mujeres que conocen la voz de Dios. Tendrán tanta práctica en la oración que podrán entrar en intercesión profunda en un instante. Hacen oraciones justas de honestidad desesperada que van directo al corazón de Dios. No es que reciban respuesta por sus muchas palabras porque Dios está acostumbrado a tenerlos en la sala del trono y sabe que están allí por más de sus promesas. Son los que tienen la familiaridad de manejar "lo profundo de Dios" (1 Corintios 2:10).

> Quitado éste, les levantó por rey a David, de quien dio también testimonio diciendo: He hallado a David hijo de Isaí, varón conforme a mi corazón, quien hará todo lo que yo quiero.
>
> —Hechos 13:22

> La oración eficaz del justo puede mucho.
>
> —Santiago 5:16

Parte dos

UNIÓN CON EL ALTO MANDO ESTRATÉGICO CELESTIAL

Los buenos guerreros de la antigüedad primero se colocaban más allá de la posibilidad de ser derrotados y después esperaban la oportunidad de derrotar al enemigo. Asegurarnos en contra de la derrota recae en nuestras propias manos, pero la oportunidad de derrotar al enemigo es provista por el enemigo mismo [...] El arte de la guerra nos enseña a no depender de la probabilidad de que el enemigo no venga, sino de que estemos preparados para recibirlo; no en la posibilidad de que no nos ataque, sino más bien sobre el hecho de que hemos hecho que nuestra posición sea inexpugnable.

—*El arte de la guerra*, 4:1–2, 8:1, Parafraseado

Seis

LAS FUERZAS ALIADAS

*Que el impacto de su ejército sea como una piedra de
molino lanzada contra un huevo; esto es afectado por la
ciencia de las debilidades y fortalezas. Al pelear, el método
directo puede ser usado para entrar en batalla, pero se
necesitarán métodos indirectos para asegurar la victoria
[...] Lo directo y lo indirecto se dirigen entre sí por turnos.
Es como un círculo en movimiento; nunca llega el final.
¿Quién puede agotar las posibilidades de su combinación?*

—*EL ARTE DE LA GUERRA*, 5:4–5, 11, PARAFRASEADO

EL 27 DE mayo de 1722 un joven carpintero llamado
Christian David guió a una docena o más de refugiados religiosos de Moravia a la propiedad de el
conde de 21 años Nikolaus Ludwig von Zinzendorf en
Saxonia, Alemania. En esa época, los creyentes protestantes
de Moravia estaban siendo encarcelados y puestos en pruebas extremas (los hacían pararse en pozos durante un clima

congelante, los uncían a arados como caballos y los hacían arar los campos, o les ponían pesadas cadenas que tenían que llevar consigo a dondequiera que fueren). Cuando Christian supo de su sufrimientos, se puso en contacto con el conde por medio de una serie de conocidos, sabiendo que era un hombre devoto y que había dedicado la aldea en su propiedad para que fuera una ciudad de Dios. Su esperanza de que el conde le ofreciera asilo a estos hermanos y hermanas en Cristo no estaba infundada. El conde estuvo de acuerdo en permitir que los refugiados vivieran en su tierra y buscaran a Dios junto con él y el resto de los habitantes de la aldea de Bethelsdorf.

Al llegar una semana más tarde a la propiedad del conde, después de haber recorrido los senderos sinuosos de las montañas, los viajeros se alojaron en su primera noche en el casco de un granero inconcluso al que le llamaban Hutberg o *Monte del Vigía*. En lugar de seguir hacia Bethelsdorf, Christian y los demás decidieron establecerse en la cima de este monte. En los años por venir, el Monte del Vigía sería renombrado como *La guardia de Dios*, donde los moravianos fundaron la aldea de Herrnhut.

Herrnhut se convirtió en un punto de reunión de exiliados religiosos y de los que buscaban refugio de la persecución religiosa. Christian haría muchos viajes más a Moravia para conducir a los perseguidos hacia este refugio seguro. Como otro David que se fue al exilio cuando su rey buscó matarlo: "Y se juntaron con él todos los afligidos, y todo el que estaba endeudado, y todos los que se hallaban en amargura de espíritu" (1 Samuel 22:2). Como era de esperarse, entre Herrnhut más crecía, las fricciones comenzaron a desgastar a los diferentes grupos. No todos los que habían venido a Herrnhut eran sinceros en su fe; algunos habían sido echados de sus iglesias previas por una buena razón. Estos comenzaron a aprovecharse de la sinceridad e inocencia de los demás creyentes, creando división y contienda en la iglesia tanto de Herrnhut como de Bethelsdorf. Christian mismo fue arrastrado en el engaño de *más santo que vosotros* hasta el punto en que construyó una nueva casa para su familia lejos de los demás en el pueblo y cavó su propio pozo para no tener que interactuar con la gente del pueblo bajo el riesgo de *infectarse* con sus componendas y mundanalidad. Lo que Christian había fundado para que fuera una *ciudad sobre un monte* había caído en facciones y contienda.[1]

Así que en mayo de 1727, el conde Zinzendorf decidió confrontar el espíritu de división de manera frontal y recordarle a la comunidad sus propósitos originales. Al convocar a una junta general a la que todos estaban obligados a asistir, predicó durante tres horas sobre el espíritu de división, leyó los "Mandatos y Prohibiciones Señoriales" las cuales todos los que se habían unido al municipio habían estado de acuerdo en vivir conforme a ellas, y luego delineó algunos estatutos más acerca del comportamiento entre ellos que él creía necesarios para que los miembros se unieran en una sociedad cristiana. Un espíritu de arrepentimiento cayó sobre el pueblo, y las cosas cambiaron de un día a otro. Los que no habían podido verse sin pelear ahora se juntaban para compartir la comida, cantar alabanzas a Dios y orar unos por otros. El conde comenzó a celebrar servicios diarios, los cuales gozaban de una amplia asistencia, y en las noches cálidas del verano los grupos nocturnos se reunían en la cima del monte bajo la rica cobertura de las estrellas y simplemente se sentaban en oración para escuchar la voz de su Buen Pastor. Los meses que siguieron se convirtieron en un verano dorado de unidad y propósito profundo.

Ese agosto, Herrnhut y Bethelsdorf compartieron un servicio de comunión juntos que el conde Zinzendorf luego describiría como "un día de los derramamientos del Espíritu Santo [...] fue su Pentecostés". En las semanas siguientes, los miembros de la congregación de Herrnhut decidieron que así como no estaba permitido que el fuego del templo del altar se apagara, ofrecerían intercesión incesante por el mundo. Veinticuatro hombres y veinticuatro mujeres convinieron juntos en tomar turnos de una hora y orar durante todo el día los siete días de la semana. Desde el 27 de agosto de 1727, en Herrnhut se ofreció oración sin interrupción durante los siguientes cien años.[2]

Esta reunión de oración que duró cien años es suficientemente extraordinaria, pero cuando uno considera ese siglo de oración, uno puede instantáneamente ver el poder de este tipo de unidad en intercesión. Fue en ese tiempo que Juan Wesley, nació de nuevo él mismo a través de las enseñanzas de los moravianos, estuvo al frente del Gran Despertar, una ola de avivamiento que estableció el fundamento para la iglesia evangélica como la conocemos hoy. Este movimiento del Espíritu Santo barrió tanto con Inglaterra como con las colonia americanas, difundiendo una unidad de la fe y propósito que todavía afecta los asuntos mundiales en la actualidad. Esta también fue uno de los mejores momentos de alcance misionero alrededor del mundo. Al inicio del siglo diecinueve, los derramamientos del Espíritu Santo transformaron los campos de Kentucky y Tennessee, cuando decenas de miles se reunieron para ver las increíbles manifestaciones del poder de Dios, escuchar profecías de la boca de niños y ver milagros. Hacia finales de la oración 24-7 en Herrnhut, Carlos Finney estaba caminado para adentrarse en el bosque determinado a que conocería a Dios o se moriría en el intento, y el Segundo Gran Despertar que cambiaría la faz de los Estados Unidos del siglo XIX pronto vendría en camino.

Le cuento esta historia para que pueda ver que cualquier obra nueva de Dios sigue el mismo patrón. Las pequeñas obras que Dios ha ordenado pueden crecer rápidamente, y con el rápido crecimiento, habrá disputas y divisiones que se levantaran a veces para amenazar el éxito del movimiento. Solamente con la enseñanza adecuada junto con una gran cantidad de oración hará que la obra siga creciendo en lugar de estancarse o ceder en sus creencias con el fin de agradar a todos. Esto requiere liderazgo que esté afianzado en la Palabra y la oración. Siempre que se comienza a formar unidad, Satanás y sus subordinados corren para provocar contienda y división, porque saben que cuando los creyentes oran en unidad, la manifestación del Reino de Dios no está lejos. No se desaliente cuando parezca haber conflicto y confusión alrededor de una obra de oración que alguna vez haya sido floreciente. Usted le debe pedir a Dios una nueva estrategia para resolverlo. Estos sucesos suelen ser una indicación de que es momento de subir al siguiente nivel de oración para mayor capacitación, volver a ser entrenados, actualizados y refrescados.

Cuando los corazones se juntan y se unen, la fuerza de sus oraciones se multiplica exponencialmente en el Espíritu. No importa cuantos se reúnan, sus oraciones ascienden como múltiplos de cientos y miles por cada persona presente. Como la Escritura dice: "Cinco de vosotros perseguirán a ciento, y ciento de vosotros perseguirán a diez mil, y vuestros enemigos caerán a filo de espada delante de vosotros" (Levítico 26:8). Cuando nos reunimos a orar, hay una unción colectiva que aprovecha la oración en acuerdo para atar, desatar, derribar, arrancar y hacer sonar la trompeta para el avance espiritual (consulte Mateo 18:18–19). Los fundamentos de la tierra se sacuden por la oración colectiva, conmoviendo todo lo conmovible y de forma que solamente lo inconmovible permanecerá. Todos los estratagemas carnales y diabólicos son sobreseídos. Las amenazas y susurros del adversario son silenciados y aniquilados cuando oramos.

En los días poco después de la resurrección de Jesús, toda la iglesia se reunió a orar. Mire el poder que fue liberado:

> Cuando llegó el día de Pentecostés, estaban todos unánimes juntos. Y de repente vino del cielo un estruendo como de un viento recio que soplaba, el cual llenó toda la casa donde estaban sentados; y se les aparecieron lenguas repartidas, como de fuego, asentándose sobre cada uno de ellos. Y fueron todos llenos del Espíritu Santo, y comenzaron a hablar en otras lenguas, según el Espíritu les daba que hablasen.
>
> —Hechos 2:1–4

¿El resultado? Tres mil fueron salvos ese día. Más tarde, como respuesta a la persecución que estaban experimentando a manos de los líderes religiosos en Jerusalén, la iglesia ser reunió nuevamente a orar.

Y ellos, habiéndolo oído, alzaron unánimes la voz a Dios, y dijeron: Soberano Señor, tú eres el Dios que hiciste el cielo y la tierra, el mar y todo lo que en ellos hay; que por boca de David tu siervo dijiste: ¿Por qué se amotinan las gentes, y los pueblos piensan cosas vanas? Se reunieron los reyes de la tierra, y los príncipes se juntaron en uno contra el Señor, y contra su Cristo. Porque verdaderamente se unieron en esta ciudad contra tu santo Hijo Jesús, a quien ungiste, Herodes y Poncio Pilato, con los gentiles y el pueblo de Israel, para hacer cuanto tu mano y tu consejo habían antes determinado que sucediera. Y ahora, Señor, mira sus amenazas, y concede a tus siervos que con todo denuedo hablen tu palabra, mientras extiendes tu mano para que se hagan sanidades y señales y prodigios mediante el nombre de tu santo Hijo Jesús. Cuando hubieron orado, el lugar en que estaban congregados tembló; y todos fueron llenos del Espíritu Santo, y hablaban con denuedo la palabra de Dios.

—HECHOS 4:24–31

Y de nuevo, miles más fueron salvos como resultado.

Para que haya una sinergia dentro de nuestras iglesias para difundir el Reino de Dios, cada parte de el Cuerpo de Cristo dentro de esta iglesia debe estar "bien concertado y unido entre sí por todas las coyunturas que se ayudan mutuamente, según la actividad propia de cada miembro, recibe su crecimiento para ir edificándose en amor" (Efesios 4:16). La determinación de lo que deba ser suplido queda en manos del Padre. El Señor ha inscrito en nuestro ADN el código que determina los talentos y habilidades que ha puesto dentro de nosotros que son para el bien de nuestras comunidades todavía más de lo que son para nuestro bien. Ha puesto su Espíritu en nuestras entrañas de tal manera que cuando recibimos a su Hijo como Salvador somos conectados y se nos da vida. Ahora, como hijos e hijas de Dios, somos llamados a estar constantemente en su presencia y a su servicio.

Dios tiene un dispositivo buscador en el Espíritu que nos llama hacia Él. Somos llamados a estar en su Hijo, en Cristo, y cuando cada uno de nosotros estamos en nuestro lugar adecuado en Él, somos uno. En Cristo vivimos y nos movemos en la sincronía divina de un militar bajo mando. La naturaleza sinérgica de nuestros movimientos es en respuesta a sus llamados a la acción a favor de los que nos rodean. Hay un llamado para ver y sentir el dolor que Dios siente cuando las obras del enemigo devastan nuestras tierras, pero también hay una ola increíble de liberación que sucede cuando los miembros de nuestras iglesias se mueven en una sinergia unificada.

Uniéndose como uno solo

El primer ataque de las tropas espirituales es como el ímpetu de un torrente, que incluso arrastrará piedras a su paso. La decisión oportuna es como el descenso en picada del halcón, que golpea y quiebra la espalda de su víctima, todo de un solo golpe. Por lo tanto el buen guerrero será abrumador en su primer ataque y exacto en oportunidad. La fuerza de tal ataque deberá ser como el disparo de una ballesta, y la oportunidad como tirar del gatillo justo cuando el blanco se encuentra en la mira.

—*El arte de la guerra*, 5:12–15,

PARAFRASEADO

Por eso es que nuestras iglesias necesitan generales de oración para resistir con nuestros pastores, así como el Padre Nash y Abel Clary respaldaron a Carlos Finney; y Rees Howells estuvo dispuesto a dejar el liderazgo de su misión para orar por su sucesor. Por eso es que necesitamos hombres y mujeres de Dios tan familiarizados con la oración en su propia vida privada que le puedan enseñar a otros lo básico que necesitan para un vida de oración eficaz. Cuando oramos, nuestras palabras son soltadas en el plano espiritual para facultar, armonizar y sinergizar con seres espirituales. Por eso necesitamos dirigir nuestras baterías de oración a la obra que ata espíritus inmundos y suelta ángeles ministradores.

Un general de oración entiende no solamente la importancia de la unidad en oración sino también los principios de ayudar a los creyentes a crecer juntos en unidades de oración. Entiende como "organizar a las tropas en sus subdivisiones adecuadas, la cadena de mando, la administración de la logística y el dominio adecuado sobre finazas y recursos" (*El arte de la guerra*, 1:10, parafraseado). Entiende la autoridad de su pastor y la necesidad práctica de dirigir la iglesia como una organización responsable dentro de una comunidad. Al igual que una empresa, la iglesia tiene la responsabilidad de manejar recursos de manera ética y eficiente; y como colectivo espiritual tiene la misión de edificar el Reino de Dios y no reinos propios.

Desde la época de los Padres Fundadores de los Estados Unidos hasta mediados del siglo veinte, la mayoría de los líderes estadounidenses comprendían el poder de orar en unidad. De hecho, desde los tiempos en que los Estados Unidos eran una confederación de colonias, los líderes estadounidenses rutinariamente llamaban a días de oración y ayuno por el éxito de sus batallas. Mire, por ejemplo, esta proclamación de un día de oración y ayuno que el presidente Abraham Lincoln envió en medio de la guerra civil estadounidense:

Proclamación del presidente de los Estados Unidos de América

Siendo que el Senado y la Casa de Representantes en su última sesión adoptaron una resolución concurrente, que fue aprobada el 2 de julio a efectos de la cual se encuentran las palabras siguientes, a decir:

Que se le solicite al presidente de los Estados Unidos que señale un día para que el pueblo de los Estados Unidos se humille y ore; que le solicite a sus asesores constitucionales a la cabeza de los Departamentos Ejecutivos que se unan con él como Magistrado en Jefe de la nación, en la ciudad de Washington, y con los miembros del Congreso y todos los magistrados, todos los funcionarios civiles, militares y navales, todos los soldados, hombres de mar y marines, con toda la gente leal que cumple la ley, que convengan en sus lugares acostumbrados de adoración, o dondequiera que se encuentren, a confesar y arrepentirse de sus muchos pecados; implorar la compasión y perdón del Todopoderoso, con el fin de que, de ser consistente con su voluntad, la rebelión actual sea con toda celeridad suprimida y que la supremacía de la Constitución y las leyes de los Estados Unidos pueda ser establecida a lo largo de todos los estados; para implorar a Él, como el Gobernante Supremo del mundo, que no nos destruya como pueblo, ni que suframos la destrucción por la hostilidad o connivencia de otras naciones o por la obstinada adhesión a nuestros propios consejos, que pudieran estar en conflicto con sus propósitos eternos, e implorar a Él que ilumine la mente de la nación para conocer y hacer su voluntad, humildemente creyendo que es en acuerdo con su voluntad que nuestro lugar sea mantenido como un pueblo unido entre la familia de naciones; para implorarle que le otorgue a nuestros defensores armados y a las masas de personas esa valentía, poder de resistencia y la perseverancia necesaria para asegurar ese resultado; para implorarle que en su infinita bondad suavice los corazones e ilumine la mente y avive la conciencia de los que están en rebelión, que puedan bajar sus brazos y rápidamente volver su lealtad a los Estados Unidos, que no sean completamente destruidos, que la efusión de sangre sea detenida, y que la unidad y la fraternidad sean restauradas y las paz establecida a lo largo de todas nuestras fronteras:

Ahora, por lo tanto, yo, Abraham Lincoln, presidente de los Estados Unidos cordialmente en concurrencia con el Congreso de los Estados Unidos en los sentimientos piadosos y de penitencia expresados en la mencionada resolución y aprobando encarecidamente el diseño y el propósito devocional de la misma, para por medio de la presente señalar el primer jueves de agosto siguiente para ser observado por el pueblo de los Estados Unidos como un día nacional de humillación y oración.

Por medio de la presente, además invito y requiero de los Departamentos Ejecutivos de este gobierno, junto con todos los legisladores, todos los jueces y magistrados, y todas las demás personas que ejercen autoridad sobre la nación, sean civiles, militares o navales, y todos los soldados, hombres de mar y marines en el servicio militar nacional, y toda la demás gente leal y que cumple la ley de los Estados Unidos, a reunirse en sus lugares preferidos de adoración pública en ese día, y allí y entonces rendir al todopoderoso y misericordioso Gobernante del Universo tales homenajes y tales confesiones y ofrecerle tales súplicas como el Congreso de los Estados Unidos ha recomendado con tanta reverencia, solemnidad y sinceridad en su mencionada resolución.

En testimonio he asentado aquí mi mano y hecho que el sello de los Estados Unidos sea estampado.

Hecho en la ciudad de Washington, este 7 de julio de 1864 d.C., y de 89 desde la independencia de los Estados Unidos.

—ABRAHAM LINCOLN[3]

Aunque hay una cadena de mando en el ejército de Dios es diferente de la mayoría de las jerarquías. Nuestro modelo para ella es la trinidad de Dios. Mientras que Dios el Padre es el Comandante en Jefe, uno lo ve honrando también al Hijo y al Espíritu, y el Hijo y el Espíritu ambos lo honran también. El Espíritu Santo nunca contradice la Palabra de los otros dos y siempre le está recordando a la gente las enseñanzas del Hijo, mientras que el Hijo nunca hace nada o dice nada que el Padre no le haya dicho. Como en un trío de jazz, mientras que uno podría tener la conducción, sigue habiendo un juego musical entre los miembros, y cada uno tendrá su parte para tocar y su momento para sonar mientras los otros le proveen apoyo continuo.

Creo que existe una interacción sumamente similar en un grupo de oración, mientras que hay un líder en un sentido estricto, también se alternan de manera semejante a la del jazz además de que improvisan a medida que el Espíritu guía a cada miembro del grupo. Por medio de esto, hay armonía de papeles y respeto por los dones de los demás. La armonía requiere que las notas y las voces sincronicen para formar un sonido melodioso hermoso. Como el sonido de la lluvia sobre diferentes objetos, el Espíritu nos toca de manera única, con diferentes grados de resonancia e intensidad. Hay una belleza en el sonido que proviene de esta armonía, que usted no experimentará cuando ora a solas. Hay una profundidad mayor de la presencia del Espíritu y un poder más tangible que poner en Cristo. En su presencia diariamente recibimos lo que necesitamos sea que Dios nos de una revelación, una tarea o una comisión. A través de lo que Él nos da, está activando nuestra voz sobre la tierra. La entonación y volumen de nuestras voces se unen a la armonía de los decretos del cielo, y el Reino gana terreno en medio de nosotros.

Sintonizarse con el Espíritu de esta manera requiere que las diferentes piezas de su partitura se lean y se entiendan. El Señor armoniza nuestras distintas sintaxis, inflexiones tonales, tiempos, habilidades y personalidades para lograr lo que una sola persona no podría hacer por sí misma. La armonía no requiere que se muevan al mismo tiempo, por el mismo propósito, ni en la misma manera. Requiere que cada persona realice lo que se le ha asignado de manera única dentro del tempo y llamado que Dios ha establecido. Le estamos pidiendo a Dios que nos orqueste y ayude para lograr el ritmo divino que hace que nuestros esfuerzos sean excepcionalmente prósperos cuando oramos juntos armoniosamente.

Por lo cual, el general de oración se vuelve una fuerza central para la unidad, atrayendo a los que buscan la vida que Dios les ha prometido a todos, así como Christian David reunió y dirigió a los moravianos a Herrnhut. Estos grupos de oración deben ser los pilares que levanten nuestras iglesias si es que vamos a transformar verdaderamente nuestras comunidades con el amor de Dios. Es solamente desde dentro de esta "unidad del Espíritu en el vínculo de la paz" (Efesios 4:3), que podemos recibir la inteligencia militar del cielo e implementar las estrategias de Dios sobre la tierra. Sobre esa reunión primero debemos buscar asegurar nuestras posiciones de defensa, y luego poder comenzar a alcanzar a otros en un ataque a las puertas del infierno.

> ¡Mirad cuán bueno y cuán delicioso es habitar los hermanos juntos en armonía! Es como el buen óleo sobre la cabeza, el cual desciende sobre la barba, la barba de Aarón, y baja hasta el borde de sus vestiduras; como el rocío de Hermón, que desciende sobre los montes de Sion; porque allí envía Jehová bendición, y vida eterna.
>
> —Salmos 133:1–3

Siete

LAS TÁCTICAS DE DEFENSA

La seguridad contra la derrota implica tácticas de defensa; la habilidad de derrotar los medios del enemigo tomando la ofensiva. Por lo que la seguridad contra la derrota viene solamente de salvaguardas apropiadas y tácticas de defensa; el ataque exitoso solamente viene de una superabundancia de fuerza [...] El general que es hábil en la defensa se esconde en los lugares más secretos del Altísimo; el que es hábil en el ataque avanza velozmente desde las mayores alturas del cielo. Por un lado tenemos la capacidad de protegernos, y por el otro, una victoria que está asegurada y completa.

—*EL ARTE DE LA GUERRA*, 4:5–7; PARAFRASEADO

CUANDO DESPERTAMOS A la realidad de las batallas espirituales que se están librando a nuestro alrededor, de inmediato nos damos cuenta de que hay ataques masivos que se están librando contra nuestros seres queridos, comunidades, iglesias y naciones. El ataque y bombardeo son continuos sin reparo en la ignorancia, inocencia o debilidad. Sin importar el estatus de cada ser humano, el reino de las tinieblas los toma por asalto para asestar golpes de muerte, desmembramiento o parálisis.

Sabiendo esto, usted deberá darse cuenta de que este no es momento de esperar a que lancen el siguiente misil, el siguiente intento de sabotaje o que el siguiente "asesino a sueldo" sea enviado para que reaccionemos. Usted debe levantar su voz y entrar con furia y pasión para avergonzar las argucias del enemigo. Usted debe actuar a la ofensiva. No puede permitir que los planes de Satanás contra los hijos de Dios se cumplan. Hoy no. Ni en su guardia. ¡Jamás! Usted también debe afectar y hacer cumplir los planes originales y propósitos de Dios por sobre los planes del enemigo, y más allá de ellos. Aunque los agentes demoníacos utilicen el fuego para forjar armas "ninguna arma forjada contra ti prosperará" (Isaías 54:17). Cada ataque enviado contra sus seres queridos abre la oportunidad de tomar botín de las posesiones del enemigo y de su territorio en lugar de que sea al revés. Usted probablemente no escogió a Satanás como su enemigo, pero él lo ha escogido a usted. Aún así, Dios le ha dado el poder de apagar cada iniciativa instituida por toda y cualquiera persona que se mueva por un impulso satánico. A su vez, sus provocaciones para atacarlo le serán de utilidad. Esta es la herencia del Señor, la cual lo impulsará en ferviente determinación para luchar en oración.

Usted sabe que Dios odia lo que el enemigo le hace a su pueblo. Por lo cual, cuando usted le hace guerra a favor de sus amigos, su nación y el mundo, usted debe guerrear con una pasión justa; una pasión nacida de un amor por Dios y por todo lo que Él creó sobre esta tierra. Es simplemente otra manera en la que estamos entretejidos en Cristo. Con el amor de Dios como compañero constante, la pasión le habla a la profundidad de nuestro amor en respuesta a Dios, sin importar dónde nos encontremos en nuestra travesía de oración. En el frío del invierno cuando se encuentre a solas con sus pensamientos y temores, su amor por Dios debería volver a encender su compromiso con sus propósitos. Cuando se encuentre en un lugar temporal de separación por causa del crecimiento personal o la santificación, sea en una época invernal, un tiempo de estar en el desierto o aislamiento para prueba, su dedicación total al proceso de oración y su dependencia de Dios hacen más profundo su caminar. Usted depende solamente de Él; únicamente confía en Él; Él se vuelve su salvación en maneras completamente nuevas y maravillosas.

El arte de la guerra comienza con asegurar las líneas antes de avanzar en una ofensiva contra las puertas del infierno. El Dios que lo salvó lo ha equipado con anticipación para cada batalla. Si usted ve las noticias de la noche, usted se dará cuenta de que los grandes ministerios tienden a fallar por cosas que están dentro de sus propios confines de autoridad, no porque hayan sido vencidos tomando un nuevo territorio para Dios. Los ministros caen en pecado sexual porque no han tomado las precauciones apropiadas para guardarse contra él, o las finanzas fallan porque no disciplinan sus procedimientos de gastos o contabilidad adecuadamente. Muchos fracasan porque caen en orgullo, y eso los abre a todo tipo de dificultades. Dejan de depender de la oración o piensan que no tienen tiempo de buscar al *Señor de la obra* porque están demasiado ocupados y demasiado involucrados en la obra del Señor. La derrota viene porque no han guardado lo que está en su seno, y no porque no hayan lanzado las ofensivas apropiadas. La primera prioridad de la guerra espiritual es la protección del pecado y la tentación. Una vez que las fronteras de su dominio hayan sido aseguradas, solamente entonces es que puede pensar en llevar la lucha contra el enemigo hasta sus puertas.

Establezca vigías en los muros

A cada soldado de a pie, de un momento a otro, se le asigna servicio de guardia. Son asignados para *vigilar* en las puertas principales o en una de las torres que rodean el campamento. Hacen esto para mantener fuera a los invasores, y advertir a los de dentro si hay un ataque, o informar a sus comandantes de mensajeros que se aproximen. También lo hacen como un ejercicio de vigilancia, incluso cuando al parecer no haya nada de lo cual cuidarse. Establecer una guardia es una de las tácticas defensivas más básicas, incluso para un ejército en el campo. No importa lo fuertes que sean sus muros, si no se establece vigilancia, el enemigo encontrará una manera de entrar.

En la época en la que se estaba todavía escribiendo el Antiguo Testamento, las ciudades establecían vigías en los muros con estos mismos propósitos. Estos guardias tenían que estar vigilantes, mantenerse despiertos y resistir los elementos sin importar la condición. Estos turnos de guardia a menudo eran largos, aburridos y sin novedad, pero aún así eran necesarios. La razón para esto es obvia: si los vigías fallaban, la ciudad caería.

Para los de las ciudades de Israel, los vigías también tenían otro deber: orar. Como Dios le dijo a Israel a través de Isaías:

> Sobre tus muros, oh Jerusalén, he puesto guardas; todo el día y toda la noche no callarán jamás. Los que os acordáis de Jehová, no reposéis, ni le deis tregua, hasta que restablezca a Jerusalén, y la ponga por alabanza en la tierra [...] Pasad, pasad por las puertas; barred el camino al pueblo; allanad, allanad la calzada, quitad las piedras, alzad pendón a los pueblos. He aquí que Jehová hizo oír hasta lo último

de la tierra: Decid a la hija de Sion: He aquí viene
tu Salvador; he aquí su recompensa con él, y delante
de él su obra. Y les llamarán Pueblo Santo, Redimi-
dos de Jehová; y a ti te llamarán Ciudad Deseada, no
desamparada.

—Isaías 62:6–7, 10–12

Dios llevó esto un paso más allá cuando llamó a sus profetas atalayas sobre el pueblo de Israel. Como le dijo a Ezequiel:

Hijo de hombre, yo te he puesto por atalaya a la casa
de Israel; oirás, pues, tú la palabra de mi boca, y los
amonestarás de mi parte.

—Ezequiel 3:17

Por lo tanto, vigilar en oración era la primera línea de
defensa entre el pueblo de Israel y cualquier pueblo que bus-
cara dañarlos. La disciplina de caminar sistemáticamente
por la parte superior del muro sería una disuasión para los
espías interesados en atacar la ciudad, porque veían que los
vigías tomaban su trabajo seriamente, tenían una indicación clara de que las tropas de defensa de la ciudad estaban bien disciplinadas y velando sobre su deber. ¿Cuántas
veces no habrá sucedido que un vigía era visto por un espía
extranjero al cual el atalaya no hubiera descubierto, pero
que a causa de la diligencia del vigía en su deber, el espía

regresaba a su comandante a aconsejarle que escogiera una ciudad diferente que atacar porque esta se encontraba bien guardada? Los atalayas no siempre conocían la naturaleza de la amenaza, pero había momentos en que su vigilancia evitaba la derrota sin que siquiera se produjera un ataque.

Desde Génesis a Apocalipsis, la Biblia está repleta de pasajes e historias que apoyan la importancia de velar y orar; lo cual no es menos importante para los guerreros de oración modernos, los intercesores y los creyentes interesados en escuchar de parte de Dios y alinearse con su voluntad. Los guardas competentes y vigilantes serán capaces de:

- Utilizar sus facultades espirituales para discernir movimientos de Dios, las frecuencias, impulsos y revelaciones del Espíritu Santo.

- Tener acceso a la voluntad, los planes y propósitos de Dios.

- Discernir las obras de las tinieblas y contrarrestarlas.

- Entender e interpretar sueños y visiones.

- Engrosar los vallados defensivos de oración.

- Darle una cobertura espiritual todo el tiempo a su iglesia y sus miembros.

A medida que pasan horas velando y orando, los que se levantan para ser generales de oración desarrollan todas estas habilidades. Tienen lo ojos abiertos para no juzgar lo que ven en lo natural o escuchan con sus oídos naturales, sino que permiten que el Espíritu Santo entrene sus sentidos espirituales para volverse precisos y agudos con respecto a los asuntos espirituales. Por eso es que somos exhortados:

> Porque debiendo ser ya maestros, después de tanto tiempo, tenéis necesidad de que se os vuelva a enseñar cuáles son los primeros rudimentos de las palabras de Dios; y habéis llegado a ser tales que tenéis necesidad de leche, y no de alimento sólido. Y todo aquel que participa de la leche es inexperto en la palabra de justicia, porque es niño; pero el alimento sólido es para los que han alcanzado madurez, para los que por el uso tienen los sentidos ejercitados en el discernimiento del bien y del mal.
>
> —Hebreos 5:12–14, énfasis añadido

Los que han dominado las técnicas de oración de vigilancia desarrollan un fuerte discernimiento de lo que es bueno o malo, sin importar lo tenue que sea al parecer la diferencia entre lo recto y lo injusto, y entre hacer las cosas a la manera de Dios o del diablo. Vigilar no es como estar en alerta o preocupado; ni siquiera está relacionado con la tensión nerviosa que se forma por la expectación del siguiente movimiento del enemigo. Ser un atalaya tiene que ver con un nivel de cuidado y estima en desempeñar cada obligación que el Señor ha asignado y establecer un solo enfoque para ver que aquellos por los que esté orando no sean atacados, emboscados o saboteados. Lo que usted aprenda al velar y orar se conjuntará con sabiduría para salvar ciudades enteras. Este tipo de oración también establece parámetros y esferas de protección para la comunidad global de Dios.

Cuado pienso en esto, recuerdo la película *El último samurai* y la manera en que los soldados y generales fueron entrenados en el arte de la excelencia incluso con respecto a los asuntos más pequeños de preparar y servir té, atender el jardín, remendar su ropa, afilar y cuidar sus armas, entrenar su cuerpo, lo que comían y cómo lo comían. En todo lo que participaban era un arte y conllevaba un respeto formal en su práctica. Ningún detalle era demasiado pequeño como para no atenderlo con excelencia.

Aprender la disciplina de un vigía requiere gran madurez espiritual a causa de la intensidad de la inspiración divina que la acompaña. Tenga cuidado con la seducción del enemigo. La seducción es la antítesis satánica de la inspiración, así como la lujuria es la falsificación del amor. Permita que el Espíritu Santo lo entrene para utilizar los sentidos del Espíritu y no los de la carne.

LOS PROTOCOLOS DE LOS ATALAYAS

El combatiente inteligente busca el efecto de la energía combinada y no le pide demasiado a los individuos. Por lo cual el general es apto para escoger a la gente adecuada para los puestos correctos y para hacer las combinaciones apropiadas de soldados para crear sinergia y no disipación de la fuerza y de la motivación [...] Por lo cual, la energía generada por las combinaciones adecuadas es el impulso de una piedra redonda rodada montaña abajo desde miles de pies de altura. Hasta aquí sobre el tema de la energía espiritual.

—*EL ARTE DE LA GUERRA*, 5:21, 23,

PARAFRASEADO

Velar y orar son la disciplina defensiva esencial de cada creyente. De hecho, Jesús dijo que era nuestra responsabilidad primaria hasta que volviera a la tierra.

Mirad, velad y orad; porque no sabéis cuándo será el tiempo (de Mi venida). Es como el hombre que yéndose lejos, dejó su casa, y dio autoridad a sus siervos, y a cada uno su obra, y al portero mandó que velase. Velad, pues, porque no sabéis cuándo vendrá el señor de la casa; si al anochecer, o a la medianoche, o al canto del gallo, o a la mañana; para que cuando

venga de repente, no os halle durmiendo. Y lo que a
vosotros digo, a todos lo digo: Velad.

—MARCOS 13:33–37, INSERTO AÑADIDO

Si la iglesia ha fallado es porque nuestros vigías han
fallado. Si nuestros vallados espirituales de protección han
sido violados, es porque se debilitaron mediante negligencia. Ciertamente hay poder en la Palabra de Dios cuando
es declarada en cualquier situación, pero en ninguna otra
ocasión es más poderosa que en la oración. Una cosa es
proclamar las verdades de Dios, pero otra es proclamar esa
misma verdad cuando ya ha sido orada en el Espíritu. Con
respecto al estado de la iglesia actual, no vemos el mismo
énfasis sobre la oración que alguna vez hubo, y por lo tanto
la iglesia cada vez es más débil a medida que la barrera de
protección entre la verdad y las doctrinas engañosas se ha
deteriorado por negligencia.

El movimiento evangélico que fue dado a luz en ferviente
oración en la actualidad se está tambaleando porque hemos
ido de decirle a la gente que debe orar hasta que sepa que
es salva a brindarles una oración prescrita cuando pasan al
frente en respuesta a un llamado del orador. Nuestros vigías
se han relajado en sus deberes porque han sido entrenados en complacencia. No vemos los milagros que se veían
en la antigüedad simplemente porque no valoramos la

oración como ellos. Debemos con toda intención establecer y revitalizar nuestros atalayas.

No podemos olvidar que hay una lucha que librar. Hay personas en peligro que necesitan ser rescatadas. La oración es importante, aunque también es difícil. Debemos entrenar a nuestros vigías para que siempre estén alertas, porque a Satanás no hay nada que le gustaría más que detener nuestras oraciones. La palabra *vigilia* de hecho significa "un periodo de mantenerse despierto durante el tiempo que se suele pasar dormido, especialmente para montar guardia u orar". Era una práctica común para los que se preparaban para ser hechos caballeros; se mantenían despiertos y oraban toda la noche con el fin de santificarse para aceptar sin reservas el llamado que estaban a punto de recibir. Cada creyente que desee ser usado por Dios debería hacer lo mismo. Oswald Chambers dio el siguiente consejo con respecto a acudir a Dios en estos tiempos solitarios de oración:

> Jesús no dijo: "Sueñen acerca de su Padre en lo secreto", sino: "*Oren* a su Padre que ve en lo secreto". La oración es un esfuerzo de la voluntad. Una vez que hayamos entrado en nuestro lugar secreto y hayamos cerrado la puerta, lo más difícil es orar. No podemos lograr que nuestra mente funcione en orden y lo primero que se nos opone son pensamientos divagantes. La gran batalla en la oración privada

es vencer las distracciones mentales. Tenemos que disciplinar nuestra mente y concentrarnos en oración intencional.

Debemos tener un lugar especial de oración que hayamos seleccionado, y cuando llegamos allí la plaga de moscas comienza: Tengo que hacer esto, o lo otro. "Cierra la puerta". Estar en lo secreto significa cerrar la puerta deliberadamente a las emociones y recordar a Dios. Dios está en lo secreto, y nos ve desde el lugar secreto: no nos ve como nos ven los demás, o como nosotros nos vemos a nosotros mismos. Cuando vivimos en el lugar secreto se vuelve imposible para nosotros dudar de Dios, nos volvemos más seguros de Él que de cualquier otra cosa. Su Padre, dice Jesús, está en lo secreto y en ningún otro lado. Entre al lugar secreto, y justo en el centro de la rutina diaria encontrará a Dios allí todo el tiempo. Hágase el hábito de hablar con Dios acerca de todo. A menos de que en el primer momento del día, después de despertar, aprenda a abrir la puerta de para en par con el fin de dejar a Dios que entre, operará en el nivel equivocado todo el día; pero abra la puerta de par en par y ore a su Padre que está en lo secreto, y todo lo público llevará el sello de la presencia de Dios.[1]

Si vamos a cumplir con nuestro llamado, debemos tener el sello de Dios en todo lo que hacemos. Solamente podremos resistir fuertes en Dios en público en la misma medida en que podemos estar con Él en privado.

Los tesoros del cielo están apartados para el creyente. Su posición y misión tienen que ver con diferentes niveles de intercesión, a medida que usted maniobra en cada postura defensiva. La astucia del enemigo siempre busca enmascarar la verdad de su herencia y evitar que abra la puerta de acceso a ella que es Jesucristo. Un regimiento de defensa echa hacia atrás las nubes del engaño. El Señor ya se ha propuesto librar al creyente de cualquier aflicción traída por engaños. La Escritura pronostica el fin del enemigo de las almas de la humanidad como una certeza, así que el diablo no pierde tiempo en esconder sus actividades detrás de una cortina de humo, esperando atraparnos fuera de guardia. Asegúrese de estar apropiadamente vestido de la armadura de la luz y del Señor para que las maquinaciones del enemigo sean fácilmente expuestas. Sintonice sus sentidos espirituales como un atalaya vigilante sobre el muro. Una vez que haya establecido su patrulla, reparado los portillos y fortificado sus fronteras, el enemigo no tendrá oportunidad cuando usted lleve la lucha más allá de los confines de la iglesia hacia las calles. Para hacerlo, es crucial que aprenda a montar guardia.

Guardias de oración

En el antiguo Israel, las guardias se establecían en turnos de tres horas, comenzando a la puesta del sol (6:00 p.m.) y luego dando la vuelta al reloj a partir de allí (por lo tanto, cambiaba la guardia a las 9:00 p.m., las 12:00 a.m., las 3:00 a.m., las 6:00 a.m., las 9:00 a.m., las 12:00 p.m., las 3:00 p.m., y luego nuevamente a las 6:00 p.m.). Cada una de estas guardias tenía su propia comisión de oración y aspecto de intercesión estratégica. Utilizando la información que sigue en esta sección, cada una de estas guardias bíblicas se pueden convertir en una importante vigilia de oración para cada creyente en la actualidad.

6:00 p.m. – 9:00 p.m. — Guardia vespertina de transformación

Enfoque de la oración: Este es un tiempo de súplica, confesión, arrepentimiento e intercesión estratégica y profética nacional e internacional. Pídale a Dios que mate los lobos nocturnos según Habacuc 1.

Pasajes importantes: Génesis 1:5; Daniel 9:1–23; Daniel 10:1–14. Dios obra de la noche a la mañana.

> Sobre mi guarda estaré, y sobre la fortaleza afirmaré el pie, y velaré para ver lo que se me dirá, y qué he de responder tocante a mi queja.
>
> —Habacuc 2:1

9:00 p.m. – 12:00 a.m. — Guardia nocturna o de búsqueda

Enfoque de la oración: Este es el tiempo en el que las revelaciones tremendas comienzan a fluir. Como Daniel, no deje la presencia de Dios hasta que no haya descargado la revelación completa que Él tiene para usted. Resista el espíritu de aborto. Conforme a Abdías 1:5, reprenda a los ladrones o salteadores que vienen de noche.

Pasajes importantes: Cantares 3:1–4; Jeremías 6:5; Hechos 20:7

Canciones de alabanza o adoración: "Search for you" (Búsqueda de ti) de Justin Knight (instrumental).

Herramientas adicionales de oración: Utilice la oración de Declare bendición sobre su día en esta hora.[2] Proteja su vida y descargue éxito y prosperidad para su día, su vida, su familia, su matrimonio, sus finanzas, su ministerio y su negocio.

12:00 a.m. – 3:00 a.m. — Guardia de transición o de avance

Enfoque de la oración: Esta es la hora demoníaca o del embrujo en la que hay fuerte actividad demoníaca. Ore que el hombre fuerte sea atado. Usted debe darle al enemigo un golpe mortal. En el mundo esta hora es llamada el turno del cementerio. Declare que las maquinaciones y planes del enemigo sean derribados.

Pasajes importantes: Éxodo 11:4; 12:29; Jueces 16:3; Rut 3:8; 1 Reyes 3:20; Job 34:20; Hechos 16:25.

Canciones de alabanza o adoración: "Search for you" (Búsqueda de ti) de Justin Knight (instrumental).

Herramientas adicionales de oración: Ore utilizando las estrategias de *Las reglas de combate* y *Binding the Strongman* (Ate al hombre fuerte).[3]

3:00 a.m. – 6:00 a.m. — Guardia del cementerio o profética

Enfoque de oración: Tenga cuidado con la emboscada demoníaca de la somnolencia. Usted debe seguir luchando hasta ver el rostro de Dios.

Pasajes importantes: Génesis 32:24–30; Mateo 26:34.

Herramientas adicionales de oración: Utilice los recursos de *Nuclear Warfare* (Guerra nuclear) y de *The Atomic Power of Prayer* (El poder atómico de la oración).[4]

6:00 a.m. – 9:00 a.m. — Guardia de logro

Enfoque de la oración: Este es el inicio de la guardia de un nuevo día o ciclo. Ore que Dios haga todas las cosas nuevas para nuevos comienzos. Prepárese para recibir revelación nueva y fresca. Siga declarando victoria sobre todas sus situaciones y circunstancias adversas. Comience a avivar, mandar, declarar y traer a la vida. Según Mateo 20:8, ore por los que están participando en iniciativas del Reino y por los que están llamados a hacer avanzar el Reino.

Pasajes importantes: Números 2:1–3; Isaías 59:16–21; Malaquías 1:11; Marcos 16:2.

Canciones de alabanza o adoración: "Like the Dew in the Morning" (Como el rocío en la mañana); libere fuerte alabanza según Salmos 113:3 ("que Judá alabe") y guerra según Josué 11.

Herramientas adicionales de oración: Utilice la Estrategia de oración de logro.[5]

9:00 a.m. – 12:00 p.m. — Guardia matutina

Enfoque de la oración: Dedique esta hora para hacer barbecho, arar y plantar. Utilice la Palabra de Dios en oración. Invierta tiempo leyendo la Escritura, y en alabanza y adoración. Experimente el soplar de fuertes vientos proféticos. Usted recibirá visiones así como visitaciones angelicales también.

Pasajes importantes: Nehemías 8:1–3; Mateo 20:5–6; Hechos 10:1–4. Ore conforme a Éxodo 14:24–31 y Salmos 68:1–4.

> Levántese Dios, sean esparcidos sus enemigos, y huyan de su presencia los que le aborrecen. Como es lanzado el humo, los lanzarás; como se derrite la cera delante del fuego, así perecerán los impíos delante de Dios. Mas los justos se alegrarán; se gozarán delante de Dios, y saltarán de alegría.
>
> —SALMOS 68:1–3

12:00 p.m. – 3:00 p.m. — Guardia sobrenatural de transición o apostólica

Enfoque de la oración: Este es un tiempo para fuerte guerra espiritual, así como un tiempo para la reunión colectiva de los santos para liberación sobrenatural y milagros. Haga guerra y proteja su destino profético y lo que Dios ha manifestado como bendiciones. Una vez que haya dado a luz proféticamente algo, usted debe construir escudos de oración y murallas de fuego para protegerlo de muerte prematura.

Pasajes importantes: 1 Reyes 18:19–40; 1 Reyes 20; 2 Reyes 4:20; Jeremías 6:4; Sofonías 2:1–4; Mateo 26:45–54; Hechos 22:6.

Herramientas adicionales de oración: Reúna a la gente para orar juntos a mediodía y para servicios de liberación.

3:00 p.m. – 6:00 p.m. — Guardia de la tarde

Enfoque de la oración: A medida que el sol se ponga, esfuércese por entrar al lugar secreto de Dios para recibir protección. A esta hora el enemigo trae la tentación de ceder a una pesada seducción en toda su iglesia. Mientras la mayoría de la gente se encuentra haciendo sus cosas, usted se sentirá tentado de hacer lo mismo. Pídale a Dios que proteja sus recursos, su personal ministerial, ayude a los ministros, al personal de apoyo, las relaciones de negocios, a los empleados y a otros del espíritu de Belial. Pídale a Dios que proteja su sacerdocio del espíritu de prostitución. No permita que nadie prostituya su nombre, su unción, sus dones o sus recursos. Ore por sistemas e infraestructuras, y pídale a Dios que sean liberados del control de espíritus pervertidos y desviados. Esta es una hora que no se suele cubrir con fuerza. El enemigo sabe cuando usted no se encuentra cubierto, y ataca en ese momento.

Pasajes importantes: Jueces 19:1–30.

PENSAMIENTOS FINALES

Actualmente hay muchos ministerios e iglesias que han tomado nuevamente el llamado para obedecer el mandamiento de: "Mirad, velad y orad" (Marcos 13:33) por medio de establecer *relojes* de todo un día, siete días a la semana, para que cuando Jesús regrese, no nos encuentre *durmiendo.* Con el fin de hacer esto, muchos han seguido el patrón de los moravianos y establecen periodos de oración a lo largo de cada día. Su comisión es orar por la comunidad y por cualquier otra cosa que Dios ponga en sus corazones. Este es el método que generalmente prescribo para las iglesias que sienten que esto es parte de su llamado. Creo que el primer paso para entrenar atalayas es reunirse y aprender a orar una hora sin permitir que otras preocupaciones y pensamientos los distraigan del enfoque de la oración y de escuchar la voz de Dios. Al comenzar, he descubierto que es mejor dividir su tiempo de oración en bloques o etapas de quince minutos (el apéndice sugiere un formulario que usted puede utilizar para que sus guardas informen lo que suceda durante sus tiempos de oración).

Etapa 1: Entrar por las puertas

Entre por sus puertas con acción de gracias, conforme al Salmo 100. Cárguese del Espíritu Santo como se aconseja en Judas 1:20. Fortifique su oración según Nahúm 2:1:

> Subió destruidor contra ti; guarda la fortaleza, vigila el camino, cíñete los lomos, refuerza mucho tu poder.

Durante los primeros quince minutos, enfoque su mente en orar, dejando de lado cualquier otra preocupación de su día que le pueda venir a la mente. Aquí es cuando usted acrecienta el poder de su guardia actual. Esto es importante porque el enemigo buscará distraer, interrumpir y descarrilarlo durante su guardia. Para contrarrestar el ataque en contra de usted, esta etapa es de máxima importancia porque su carne —su mente carnal— no quiere orar. Así que inunde su espíritu con alabanza y enfoque sus sentidos espirituales a escuchar a Dios.

Etapa 2: Pedid y se os dará

Pídale a Dios que lo ayude a vivir un estilo de vida consagrado. Pase los siguientes quince minutos en oraciones de confesión y de petición al Señor por las necesidades. Usted quizá tenga puntos específicos de oración de una o de cualquier combinación de los siguientes aspectos de su vida: personal, matrimonio, hijos (padres), ministerio o llamado, finanzas, físico, social y otros.

Etapa 3: Buscad y hallaréis.

Pase el tercer bloque de quince minutos en meditación y adoración. Lea la Biblia para recibir iluminación, sabiduría, fuerza y aliento de parte de Dios. Investigue cada versículo que hable de lo que le ha pedido al Señor según 1 Crónicas 16:10–11 y Mateo 6:33.

Etapa 4: Llamad y se os abrirá.

Espere que los portales espirituales se abran. Pase los últimos quince minutos en súplica y vigilancia de acuerdo con Mateo 26:41 y Efesios 6:18. Después de haber terminado de orar durante su guardia de una hora, entre en alabanza victoriosa y acción de gracias.

Una vez que usted tenga más experiencia en seguir la dirección del Espíritu Santo, siéntase libre de dejar este formato y seguir su guía. Entre más oren juntos como un cuerpo en su iglesia, más encontrará que tiene un equilibrio en sus oraciones entre lo que los generales de oración de su iglesia sienten que es necesario cubrir en oración, y lo que usted siente que el Espíritu de Dios lo está guiando a orar.

A medida que usted crezca en oración y se acostumbre a ella como una práctica y una disciplina rítmica, quizá quiera profundizar todavía más mediante el ayuno. Muchas personas cometen el error de pensar que el ayuno es simplemente negarse a comer durante cierto periodo, pero es realmente mucho más. Mientras que ayunar es la práctica del dominio propio y de disciplinar la carne, el objetivo es acercarse más a Dios. El tiempo que gane mediante dejar de hacer lo que sea que usted esté ayunando (comer, preparar comida, etcétera) deberá invertirse en oración. Esto puede ser más difícil si usted cocina para su familia porque seguirá teniendo la necesidad de cocinar para ellos. Pero usted todavía puede hacerlo lleno de gozo con su jugo, sopa o té. O puede practicar abstenerse de otras actividades como la televisión, pasar tiempo en los sitios de redes sociales, jugar juegos de video o cualquier otra práctica que usted sienta que le quita tiempo y que no sea crucial para la salud y seguridad física y financiera de su familia (¡por ejemplo no puede ayunar si va a trabajar ese día!). Cuando se prive de comida, el punto es que cada vez que sienta un retortijón de hambre, es un recordatorio de que usted se está absteniendo de comer para que pueda orar más, así que utilícelos como una alarma de oración. Sería lo mismo con cualquier otra actividad que usted deje: cada vez que piense en ello, recuerde orar.

Si usted se encuentra ayunando con otros o como iglesia, tómese el tiempo de añadir algunas reuniones adicionales de oración durante el curso del ayuno, sin importar que eso signifique reunirse en la mañana, a mediodía o en las noches (o incluso en las tres para que las personas tengan alternativas si es un grupo más grande). Si se dificulta reunirse, únase en oración con los que puedan participar en una conferencia telefónica y oren juntos durante quince, treinta o sesenta minutos. ¡Sea creativo! Si no puede idear cómo orar juntos, entonces ore para que el Señor le dé maneras para orar juntos. Dios bendecirá su determinación.

Otra cosa que puede hacer es orar más tarde en la noche, ayunando una hora o más de sueño. También puede organizar *quemazones* de veinticuatro o cuarenta y ocho horas en las que haya gente orando todo el tiempo a partir de la tarde del viernes y seguir durante el fin de semana. La gente no necesita estar presente todo el tiempo, pero puede tomar turnos o venir e irse según pueda.

Nuevamente, quiero enfatizar que sea creativo para encontrar maneras de ver que se levante más oración a Dios. Si la iglesia se ha quedado corta de orar de manera perseverante en el pasado, entonces este ese el momento de que digamos: "¡No mientras yo esté de guardia!". Debemos orar por nuestra familia, nuestra iglesia, nuestros ministros, nuestra comunidad y nuestra nación, y por lo que Dios ponga en nuestro corazón que oremos. Dios está buscando intercesores que se paren en la brecha de los vallados y en los muros y le cierren en acceso al diablo a todo lo que nos es valioso. Que Dios lo encuentre en oración diciendo: "¡Señor, estoy aquí para orar por lo que necesitas que se ore! ¡Solamente dime por qué orar! ¡Y si no tienes nada en específico, entonces simplemente llenaré los lugares celestiales de mis acciones de gracias y alabanzas por tu asombrosa presencia!". Es cuando Él sabe que usted se encuentra presente y listo para orar, determinado a no parar hasta recibir la respuesta, que Él también sabrá que puede confiar en dejarlo entrar a escuchar la Gran Conversación que se está llevando a cabo en el cielo. Y déjeme decirle que ese es el momento en el que las cosas comienzan a ponerse interesantes; allí es cuando Dios comienza a descargar sus estrategias divinas y empezamos a ganar grandes cantidades de terreno para su Reino!

> Y busqué entre ellos hombre que hiciese vallado y que se pusiese en la brecha delante de mí, a favor de la tierra, para que yo no la destruyese; y no lo hallé.
> —Ezequiel 22:30

> Pelea la buena batalla de la fe, echa mano de la vida eterna, a la cual asimismo fuiste llamado, habiendo hecho la buena profesión delante de muchos testigos.
> —1 Timoteo 6:12

Ocho

CÓMO OBTENER LAS ESTRATEGIAS DIVINAS

La excelencia suprema consiste en quebrar la resistencia del enemigo sin pelear, por lo cual la forma más alta de ejercer la posición de general es frustrar los planes del enemigo; lo siguiente mejor es evitar la convergencia de las fuerzas enemigas; lo siguiente en orden es atacar al ejército enemigo en el campo; y la peor política es sitiar ciudades amuralladas [...] Por lo tanto, los líderes hábiles subyugan a las tropas enemigas sin pelear; capturan ciudades sin sitiarlas; derrocan reinos sin operaciones de larga duración en el campo de batalla. Con las fuerzas intactas, los generales de Dios disputan por el dominio del mundo y, por tanto, al no haber perdido un solo soldado, su triunfo es completo. Este es el método de hacer guerra con estrategias divinas.

—*El arte de la guerra*, 3:2–3, 6–7

EDMUND Y JOHN Hyde asistieron juntos al seminario en algún momento alrededor de 1890. Edmund era un estudiante sobresaliente y se destacó entre sus compañeros. Al principio de sus estudios decidió que iría al campo misionero en el extranjero. No obstante, antes de que pudiera graduarse una enfermedad se llevó a Edmund a estar con el Señor. John quien era más callado y siempre era una sombra de su hermano, sintió el vació dejado por la ausencia de Edmund y luchó por tomar su lugar en el campo misionero. El asunto no se resolvió sino hasta que, unas semanas antes de la graduación, John llevó el asunto delante del Señor, orando toda la noche por la respuesta. A la mañana siguiente le dijo a un compañero estudiante: "Ya está arreglado". John había escuchado del cielo y jamás volvió a dudar acerca de su llamado a las misiones en el extranjero.

En 1892, John Hyde abordó un barco de vapor con dirección a la India. John parecía que no encajaba como misionero. Era un poco tímido e introvertido y tenía un oído pobre para aprender lenguas extranjeras. También era un poco tardo para hablar y un predicador más bien malo. Pero en el seminario había aprendido por lo menos dos cosas:

1. Si iba a ser eficaz, necesitaba entender la
   Palabra de Dios antes de pretender entender

las palabras de aquellos a los que les estaría predicando.

2. Cómo orar por cosas hasta obtener la respuesta.

La India era un ambiente hostil para el cristianismo en ese tiempo, y cualquier éxito de los misioneros a menudo había generado una persecución feroz. Las misiones en las que trabajó John vieron poco fruto durante los primeros seis años que estuvo allí, así que sintió que había algo que le faltaba a sus predicaciones. John empezó a orar más y más, y con el tiempo comenzó a pasar noches enteras en oración buscando la voluntad de Dios para el pueblo de India. En 1904, John organizó una convención anual de oración y desafió a los asistentes a hacer un pacto de intercesión por India centrado alrededor de cinco preguntas:

1. ¿Está usted orando por avivamiento es su propia vida, en la vida de sus compañeros de obra y en la iglesia?

2. ¿Está usted anhelando mayor poder del Espíritu Santo en su propia vida y obra, y está convencido de no poder avanzar sin este poder?

3. ¿Orará por no avergonzarse de Jesús?

4. ¿Cree usted que la oración es el mayor medio para asegurar este despertar espiritual?

5. ¿Apartará media hora al día lo más pronto después de mediodía para orar por este despertar, y está dispuesto a orar hasta que este despertar venga?

Durante treinta días antes de la convención de 1906, John y otro hombre oraron durante todas las horas en que estuvieron despiertos. Otro misionero se les unió veintiún días antes de la convención. Dios se movió poderosamente en el evento como resultado, y los asistentes lloraron con pasión por el destino de las almas de sus hermanos y hermanas a lo largo de India. Hubo cosas que estaban siendo quebrantadas en el Espíritu sobre la nación.

Después de ese avance, John dedicó noche tras noche a Dios en oración. Mientras otros comenzaron a preocuparse de que pudiera agotarse, cada mañana aparecía en el desayuno sonriendo y refrescado. A pesar de su dificultad para hablar, ahora cuando John hablaba, sus palabras llevaban poder. Luego en 1908, se le ocurrió la idea de orar por que un alma se salvara al día. Se comprometió a no ir a la cama hasta saber en su corazón que Dios le había otorgado un alma para el siguiente día. Al año siguiente, vio aproximadamente unas cuatrocientas personas salvarse, no por medio de su predicación, sino por conversaciones personales y conversiones. Se convirtió en un poderoso evangelista personal. Al año siguiente comenzó a pedir que pudiera ver a cuatro personas al día venir a aceptar a Jesús como Señor y Salvador.

John oraba literalmente: "Padre, ¡dame almas o me muero!". Y Dios respondía sus oraciones. John llegó a ser conocido como "Hyde el que ora" por los que lo conocían mejor, y muchos lo consideraban un apóstol de oración. Lamentablemente, en 1910 y 1911, John fue detenido por una enfermedad y dolores de cabeza que resultaron ser causados por un tumor cerebral generado por un tipo de cáncer que no tenía tratamiento en esa época. Sin embargo, incluso afrontando la muerte, John siguió orando hasta su último día. John "Hyde el que ora" murió el 17 de febrero de 1912 a los 47 años. Sus últimas palabras fueron: "Bol, Yisu, Maíz, Ki Jai", que traducido del punyabí significa: "¡Clamen la victoria de Jesucristo!".

¿Cuál fue el secreto de Hyde el que Ora? Cuando se le preguntó, no dijo que eran las largas horas que pasaba en oración, ni algún poder especial de fe que se le hubiera otorgado solamente a él. Más bien, dijo de manera sencilla que preguntaba qué era lo que Jesús estaba orando a la diestra del Padre, y luego permitía que el Jesús dentro de él hiciera esas oraciones. Como John lo describe:

¿Quién es la fuente de toda vida? El Jesús glorificado. ¿Cómo obtengo esta vida de Él? De la misma manera en que recibí la justicia para empezar. Sé que no tengo justicia propia, sino trapos de inmundicia, y en fe clamo por su justicia. Ahora bien, sigue un resultado doble: Para nuestro Padre en el cielo, Él ve la justicia de Cristo, y no mi propia injusticia. El segundo resultado es para nosotros mismos: la justicia de Cristo no solamente nos viste de manera externa, sino que penetra en nuestro mismo ser por su Espíritu, recibido por fe al igual que los discípulos (consulte Juan 20:22) y obra en nuestra santificación.

¿Por qué no hacer lo mismo con nuestra vida de oración? Recordemos la palabra "por". "Cristo murió por nosotros", e: "intercede por nosotros" [...] Así que confieso mis oraciones que siempre fallan [...] y ruego por su intercesión que nunca falla. Luego esto afecta a nuestro Padre, porque ve la vida de oración de Cristo en nosotros y responde conforme a ello. De manera que la respuesta es mucho "más allá de lo que pedimos o entendemos" [...] La vida de oración de Cristo entra en nosotros y Él ora en nosotros. Esto es orar en el Espíritu Santo. Solamente así podemos orar sin cesar [...] Ya no nos esforzamos por una vida de oración que falla constantemente. Jesús entra en la barca, y el sufrimiento cesa, y estamos en la tierra donde debemos estar. Ahora bien, necesitamos estar quietos delante de Él, para poder escuchar su voz y permitirle orar en nosotros; mejor dicho, permitirle que derrame en nuestra alma su rebosante vida de intercesión, lo cual significa literalmente: encontrarse con Dios cara a cara; verdadera unión y comunión.[1]

Con el fin de orar y hacer guerra por nuestra comunidad de acuerdo con las estrategias del cielo, debemos familiarizarnos con las profundidades del hecho de que no hay victoria a ganar o territorio a conquistar que sea resultado de hacerlo nosotros solos. No podemos vencer al diablo, pero Cristo ya lo venció. No es la publicidad inteligente de nuestras iglesias, la eficiencia de nuestros programas o el carisma de nuestros predicadores lo que salva almas, sino es la revelación de Jesús por quién es Él y lo que ha hecho. Esa revelación no viene de otras personas, ya que Jesús mismo lo describió: 'No te lo reveló carne ni sangre, sino mi Padre que está en los cielos' (Mateo 16:17). Es sobre esta revelación de quién es Jesús sobre la que la iglesia misma es construida (v. 18). La oración eficaz no es, entonces, tanto asunto de golpear demonios como de revelar a Cristo. ¿Qué mejor manera hay de orar que orar las mismas oraciones que Jesús está presentando cuando intercede a la diestra del Padre? (consulte Hebreos 7:25).

CÓMO CONSOLIDAR
LA CAPACIDAD DE FUEGO

Lo que nuestros antepasados llamaron un guerrero inteligente es uno que no solamente gana, sino que se destaca por ganar con facilidad y dando toda la gloria a Dios. Por lo cual las victorias no traen reputación de sabiduría ni crédito por valentía, para el que conquista un enemigo que ya ha sido derrotado [...] Por lo que el guerreo hábil se pone en la posición en que la derrota sea imposible y no pierde la oportunidad de derrotar al enemigo. Por lo tanto en la guerra espiritual el estratega victorioso solamente busca la batalla después de haber obtenido la victoria. De manera que el que está destinado a la derrota primero pelea y luego busca la victoria.

—*EL ARTE DE LA GUERRA*, 4:11–15,

PARAFRASEADO

Esta es la etapa final de la oración que pocos parecen alcanzar; cuando podemos movernos de nuestras oraciones defensivas diarias por protección a llevar la batalla contra el enemigo según Dios nos dirija. Este es el reino de los campeones de la oración y los verdaderos héroes de la fe de los cuales escuchamos. Con frecuencia conocemos los nombres de los predicadores y evangelistas, pero no conocemos los nombres de todos los que pavimentaron el camino en el Espíritu para que obtuvieran los resultados que tuvieron. Estos no buscaron los reflectores, sino solamente la continua presencia de Dios. Habiendo cubierto las cosas de manera defensiva en sus oraciones, se les otorga el privilegio de estar en la mesa de guerra en medio del centro de estrategia y de alto mando, y enterándose de los planes de Dios para la tierra, y luego se les permite tomar parte en lograr que sucedan. Esto es lo que Habacuc describió mientras estaba en su guardia de oración, listo para actuar en lo que Dios le instruyera.

> Sobre mi guarda estaré, y sobre la fortaleza afirmaré el pie, y velaré para ver lo que se me dirá, y qué he de responder tocante a mi queja. Y Jehová me respondió, y dijo: Escribe la visión, y declárala en tablas, para que corra el que leyere en ella. Aunque la visión tardará aún por un tiempo, mas se apresura hacia el fin, y no mentirá; aunque tardare, espéralo, porque sin duda vendrá, no tardará.
>
> —HABACUC 2:1–3

Satanás desea emboscar nuestra alma y llevarnos a tener miedo. Su única oportunidad de victoria es evitar que oremos, y si no lo puede hacer, entonces quiere mantener nuestras oraciones cortas e ineficaces. Saca sus armas de tentación, acusación, engaño y esperanzas vacías para poder esconderse en el rincón y no entrar en el fragor de la lucha. Quiere mantenernos alicaídos, desanimados o dudando de la importancia de la oración. No obstante, nuestra lucha en oración no tiene fronteras. A medida que la Palabra de Dios toma lugar de residencia en nosotros, no hay duda de que tiene el poder de transformar la manera en que vemos el mundo. Se vuelve claro que las mejores tácticas del enemigo son convencernos de que no deberíamos responder a la campana para el siguiente asalto en la pelea.

No será así con usted. Usted responderá cada desafío. Usted deberá orar temerariamente y sin cesar sabiendo que es Dios quien hace guerra a su favor; es Dios quien adiestra sus manos para la guerra, y es para Dios que será la victoria final. Usted puede orar sin temor porque no tiene nada que perder. Todo lo que tiene le pertenece a Dios y volverá a Él. Él es Señor de todo y es digno de un pueblo que confía en Él implícitamente y que peleará sin temor. Este es el plano de oración que cambia cosas en la tierra, el lugar donde usted tiene tanta fe en Dios que nada "ni siquiera el temor de la muerte en el campo de batalla al que ha sido llamado" puede evitar que usted cumpla con su misión dada por Dios. Usted se vuelve como Pablo, que lleva la lucha hasta las puertas del infierno en lugar de quedarse en su propia puerta orando porque el diablo no pueda entrar. La estrategia de Pablo era simple:

Por nada estéis afanosos, sino sean conocidas vuestras peticiones delante de Dios en toda oración y ruego, con acción de gracias. Y la paz de Dios, que sobrepasa todo entendimiento, guardará vuestros corazones y vuestros pensamientos en Cristo Jesús.

—Filipenses 4:6–7

La verdadera fuente de la valentía

El líder consumado cultiva la ley justa, y se adhiere de manera estricta al método y la disciplina; por lo tanto la victoria es un asunto dentro del control de uno mismo y no está sujeta a las circunstancias o al azar.

—*El arte de la guerra*, 4:16, parafraseado

En cualquier nueva empresa o moción que sea justa, se requiere gran fe; y la gran fe siempre es acompañada por la acción. El obstáculo a la obediencia al llamado de Dios es cuando la fe es desafiada por el temor de tal manera que el creyente queda paralizado y no hace nada. Según Apocalipsis 21:8, los cobardes no serán vistos en el cielo. ¿Por qué? Porque si tenemos temor, no está el amor de Dios en nosotros, porque "el perfecto amor echa fuera el temor" (1 Juan 4:18). Con el fin de moverse en fe, el amor de Dios debe estar asentado en nuestra conciencia por que la "fe" obra "por el amor" (Gálatas 5:6). Tenemos que conocer y experimentar el infalible amor de Dios. Nuestra valentía no muestra que no tenemos temor, sino muestra que hemos evaluado la situación y que consideramos que la Palabra de Dios es de mayor impacto. El temor de Dios no es algo que nos deba hacer tener miedo delante de Él, sino lo que nos debe librar de tener miedo de cualquier otra cosa. Si verdaderamente hemos experimentado la presencia de Dios, ¿entonces qué cosa sobre la tierra podría hacernos tener miedo de hacer lo que nos ha pedido? El temor de Dios nos libra del temor de cualquier cosa que el hombre pueda hacer. Como dijo David: "Jehová está conmigo; no temeré lo que me pueda hacer el hombre" (Salmos 118:6). Y como Juan aprendió de aquellos que triunfaron sobre el diablo en los últimos días sobre la tierra:

> Y ellos le han vencido por medio de la sangre del Cordero y de la palabra del testimonio de ellos, y *menospreciaron sus vidas hasta la muerte.*
> —APOCALIPSIS 12:11, ÉNFASIS AÑADIDO

Por lo tanto, ya que oramos y sabemos cómo encontrar a Dios en oración, tenemos valentía, y oramos con valentía. No tememos orar por cosas que son imposibles para el hombre. Porque su amor ha echado fuera el temor y nos ha permitido participar en su victoria sobre el mundo.

ESPERE EL TRIUNFO

En el calor de la batalla, si la victoria se tarda en venir, entonces las armas se embotan y el ardor se apaga. Los sitios largos agotarán su fuerza. Si la campaña se prolonga, los recursos de la iglesia no serán equivalentes al esfuerzo [...] Así que, cuando sus armas se emboten, su ardor se apague, su fuerza se agote y sus recursos se acaben, otros se levantarán a tomar ventaja de su poca previsión. Entonces nadie, sin importar lo sabio que sea, podrá revertir las consecuencias de su falta de previsión y planificación adecuada [...] Solamente el que está por completo familiarizado con las trampas de la guerra espiritual puede entender la manera redituable de llevarla a cabo.

—El arte de la guerra, 2:2–7,

PARAFRASEADO

Llevar la lucha a las puertas del enemigo no es la obra de un novato. Es una confianza y autoridad que debe ganarse en perseverante dedicación a la oración. Sé que hay muchos que al leer este libro intentarán saltarse a este capítulo e intentar ponerlo en práctica antes que todos los demás, pero no funciona así. Un novato no tiene la sabiduría necesaria porque a él o a ella le falta la experiencia y el entrenamiento necesarios. Por eso es que las Escrituras advierten acerca de poner a un novato en liderazgo espiritual demasiado rápido. Debemos calcular el costo antes de emprender la lucha.

> ¿O qué rey, al marchar a la guerra contra otro rey, no se sienta primero y considera si puede hacer frente con diez mil al que viene contra él con veinte mil? Y si no puede, cuando el otro está todavía lejos, le envía una embajada y le pide condiciones de paz. Así, pues, cualquiera de vosotros que no renuncia a todo lo que posee, no puede ser mi discípulo.
>
> —Lucas 14:31–33

Asimismo, nadie tiene que permanecer ignorante o insensato. El libro de Proverbios da dirección, y la Escritura da el poder de asir la sabiduría. La sabiduría es el matrimonio entre entender los protocolos del Reino celestial y el conocimiento de la respuesta apropiada en el plano terrenal. Uno viene a través del estudio de la Palabra, y el otro viene con la experiencia y la revelación. Ambos toman tiempo.

Cuando ore con sabiduría, usted siempre orará de acuerdo con los principios de la Palabra de Dios que ha aprendido. La sabiduría es poderosa. Como dice Eclesiastés 9:18: "Mejor es la sabiduría que las armas de guerra". Dios les dio a David y a Daniel el armamento de la sabiduría para su uso. La sabiduría de Dios sobrepasa la inteligencia cargada en la sabiduría de los seres humanos. Cuando usted ora de manera sabia, usted ora en acuerdo con la Palabra de Dios y puede lograr más en un respiro que muchos que pasan años moviéndose con astucia para obtener lo que quieren. Para hacer esto, usted debe orar la Palabra y no sus preocupaciones. Cargue la Palabra en su corazón, y transforme su boca en un arma semiautomática de precisión, hablando solamente lo que esté de acuerdo con Dios. Lo que usted hable deberá siempre expresar la fe y el conocimiento de que Dios está dentro suyo. Lo que usted diga deberá mostrar que usted conoce a Dios lo suficiente como para tomar su Palabra al pie de la letra.

Por supuesto, conocer a Dios es diferente de saber de Dios. Cuando la Biblia habla acerca de conocer a Dios, se refiere a niveles progresivos de intimidad en su presencia. Los místicos como Juan de la Cruz y Madame Jeanne Guyon hablaron de esto como un viaje que a veces atravesaba por desiertos yermos y solitarios y otras veces por valles apacibles y fértiles. En momentos, Dios se sentía siempre presente y cercano, y en otros era como si los hubiera abandonado. Todos estos eran tiempos en los que debían proseguir por fe, ya que después de cada desierto había la recompensa de las frescas aguas de la revelación. Esta travesía solamente viene a través de una obsesión por estar con Él; de otro modo somos nosotros los que nos distraemos y divagamos. Si usted pierde rastro de su presencia es porque no está perseverando en su búsqueda o porque ha renunciado a seguir adónde lo está guiando. Este es el tipo de conocimiento de Dios que suelta su gracia. Como dijo Madame Jeanne Guyon:

> Enseñarle al hombre a buscar a Dios en su corazón, a pensar en Él, a volver a Él cuando descubra que se ha alejado de Él, y hacer y sufrirlo todo con el solo propósito de agradarlo [...] es guiar el alma a la misma fuente de la Gracia, allí se encontrará todo lo que es necesario para la santificación.[2]

En su gracia usted aprende la magnitud con la que Dios desprecia lo que el enemigo le hace a su pueblo; también aprenderá su tierno afecto y lo que siente por los que son explotados u oprimidos. Esto le da la pasión con la cual orar, una pasión que lo puede asustar en su intensidad y firmeza. Este conocimiento por medio de la comunión nos ayuda a entender cosas que otros han pasado vidas meditando en la vanidad de su propia mente. Entre más conozca a Dios por su propia experiencia, más se nos pega cómo es Él. Entre más pasamos tiempo a los pies de su trono, podemos hablar con más conocimiento de los detalles de su voluntad.

Dios no cambia. Revela su naturaleza en cada renglón de la Escritura. Cuando usted la lee y medita en ella en oración, se convierte en cartas escritas personalmente a usted. Como con un amigo cercano, después de un tiempo comienzan a terminar las frases uno del otro y saben exactamente lo que el otro quiere decir aun y cuando no lo pueda expresar. Hay cosas que usted llegará a conocer del Padre que nadie logrará convencerlo de lo contrario. Usted obtendrá un conocimiento de Él que Dios ha escogido revelarle específicamente a usted. Luego cuando haga peticiones en oración usted tendrá una clara ventaja porque ha aprendido los matices particulares de cómo pedir con el fin de apelar a sus gustos o disgustos. Usted ora con conocimiento de causa: usted simplemente declara su acuerdo en oración con Dios, orando las mismas oraciones que Jesús está haciendo a medida que intercede por la tierra. ¿Puede haber una oración de acuerdo más poderosa que esa?

Conocer la verdad y conocerse a uno mismo verdaderamente lo ayuda a derribar máscaras y a buscar a Dios por su divino propósito en lugar de ser engañado por su propia agenda escondida. Esto le permite orar al corazón de Dios, orando proféticamente a medida que Él le da las palabras para abrir las barreras que están evitando que se haga su voluntad en la tierra.

Al orar las palabras de Dios así como su Palabra, nos conectamos con la genialidad de Dios y legislamos sus oráculos en nuestro plano terrenal. Es Dios quien ha puesto el escenario para nuestro progreso hacia su imagen y semejanza, y será Dios quien vigile sobre sus palabras para ejecutarlas. Las personas que hablen por el Espíritu de Dios harán grandes hazañas en su nombre. Hacerlo significa entrar en acuerdo con las palabras habladas por el aliento de Dios en la ley y los profetas, así como palabras individualizadas de dirección reveladas y recibidas por medio de nuestro espíritu de parte de Dios. Como consumados planificadores y estrategas, debemos seguir cada palabra que salga de la boca de Dios y orar proféticamente, así como Pablo le aconsejó a Timoteo:

> Este mandamiento, hijo Timoteo, te encargo, para que conforme a las profecías que se hicieron antes en cuanto a ti, milites por ellas la buena milicia.
>
> —1 TIMOTEO 1:18

Dios rara vez utiliza la misma táctica dos veces al hilo para responder a la misma crisis. Mientras que una táctica es una manera o forma conveniente de lograr una meta, una maniobra que cambia el equilibrio de fuerzas en el campo de batalla, nunca es suficiente por sí sola. La oportunidad, específicamente el tiempo de Dios para llevar a cabo esta táctica, también es crucial. Cada situación va a requerir una respuesta táctica única. Lo que le haya funcionado ayer en oración será insuficiente en nuevos territorios, dimensiones y planos. Observe nuevamente con cuanta frecuencia Jesús utilizó diferentes tácticas para sanar la ceguera que enfrentó, o considere la historia de las batallas que Israel peleó y cómo Dios les dio estrategias únicas para ganar cada una. Las tácticas utilizadas en Jericó no funcionaron en Hai, ni Dios le aconsejó a Gedeón que utilizara las mismas maniobras que Josué, ni Dios le dio las mismas tácticas a Mardoqueo y a Ester que a Gedeón para que pudieran evitar el genocidio planeado por Amán.

El Señor brinda experiencias y oportunidades únicas para profundizar en su vida de oración para que usted pueda utilizar el arsenal entero de armas que Él tiene disponibles para usted. Algunas veces la situación requiere proclamación; en otras una petición; en otras situaciones es suficiente campear los desafíos con alabanza y acción de gracias. Las habilidades desarrolladas en las faldas del monte de la oración le darán el amplio rango de maniobras tácticas disponibles a medida que comience a escalar los picos. El enemigo de su alma se queda perplejo cuando le lanza sus mecanismos más destructivos y una simple táctica del Señor lo hace parecer como si usted jamás hubiera estado en el fuego o inundación que Satanás pretendía en su contra. Usted se aparta viéndose bien y oliendo bien, y el reino de las tinieblas queda derrotado y aturdido. A semejanza de Sadrac, Mesac y Abed-Nego, usted se aleja regocijándose en el poder de su Salvador.

Lo básico para la victoria

Por lo cual hemos de saber que existen cinco puntos básicos para la victoria:

(1) Ganarán los que sepan cuándo pelear y cuándo no pelear.

(2) Ganarán los que sepan cómo manejar fuerzas superiores y fuerzas inferiores.

(3) Ganarán aquellos cuyo ejército esté unido en el mismo espíritu a lo largo de sus filas.

(4) Ganarán los que se hayan preparado apropiadamente y que sean pacientes para tomar al enemigo desprevenido.

(5) Ganarán los que tengan la capacidad y empleen las estrategias apropiadas.

Por eso el dicho: Si conoce al enemigo y se conoce a sí mismo, no necesita temer el resultado de cien batallas. Si se conoce a sí mismo, pero no conoce a su enemigo, por cada victoria obtenida también sufrirá una derrota. Si usted no conoce al enemigo ni a sí mismo, sucumbirá en cada batalla.

—*El arte de la guerra*, 3:17–18,

PARAFRASEADO

La victoria en la guerra espiritual es un asunto de ser la persona correcta "la persona justa" en el lugar correcto. Es un balance entre conocerse a sí mismo y ser honesto y transparente delante de Dios, conociendo a su enemigo, el poder y los recursos de su Comandante en Jefe. Es solamente cuando tiene esto en desequilibrio que las cosas se deshilan y usted pierde su enfoque como miembro del Cuerpo de Cristo peleando por su Reino sobre la tierra. Usted debe sopesar cada elemento de cada situación individualmente y estar seguro de haber cubierto cada aspecto en oración.

En cada situación es mejor repasar los resultados posibles antes de comenzar a seleccionar su curso de acción. Usted se debe conocer a sí mismo, su propia fe, lo que Dios ha prometido y lo que es su voluntad para cualquier circunstancia dada. Usted no puede darse el lujo de ser impetuoso y adelantarse a Dios. Usted debe escuchar la inteligencia que proviene de la sala del trono del cielo. Sin ella, usted no podrá entender lo que está sucediendo y se desalentará. ¿Qué sucede si Dios decide no moverse como usted espera, o tiene un programa distinto? ¿Qué pasaría si Dios realinea su vida de manera que no le quede ningún soporte excepto Él? ¿Podrá ser posible que Dios cumpla las palabras que le ha hablado a usted o acerca de usted de una manera distinta a la que se ha imaginado? No importa cuáles sean las respuestas, usted tiene que ver el final desde el principio y obtener una respuesta que esté de acuerdo con los mandatos del Reino. Nada de esto se puede llevar a cabo a menos que usted tenga práctica en el arte del conocimiento espiritual, algo que solamente viene a través de orar hasta obtener la respuesta.

Si Dios lo prometió, usted puede esperar que suceda, pero el *cómo* depende de Dios y solamente lo puede descubrir si pregunta. Cuando venga a Él con tales oraciones, no permita que su mente divague o fantasee. Mantenga en primer plano en su mente lo que Dios ha incrustado y escrito en su corazón. Lo que haya escuchado de Dios o leído en su Palabra que tocó su espíritu y encendió su alma, esta palabra hablada a usted que no regresará a Dios sin producir resultados. Dios hizo preciosas y grandísimas promesas, y se cumplirán. A medida que las oraciones suban del plano terrenal, deberán lograr el objetivo para el que Dios envió las promesas a la tierra en primer lugar. Cuando usted ora, nada en su pasado o presente podrá detener la manifestación del propósito de Dios en su vida.

El plano del Espíritu es el plano causal, así que espere que suceda aquello por lo cual usted haya orado, una vez que sepa que ha sido sellado en el Espíritu. Dios ya había soltado estas cosas desde antes de la fundación del mundo. Les ha asignado un tiempo y sazón específicos para que se cumplan. No sea contraproducente en sus oraciones al pedir una cosa y confesar otra. Sea consistente en saber que lo que usted se proponga desatar de lo que le pertenece a su vida será desatado "positivo o negativo, en fe o en incredulidad" y lo que sea que usted ate, será atado. ¿Comprende?

La Biblia dice *lo que* "bueno o malo, pequeño o grande" sucederá.

El movimiento coreográfico de Dios es completo. Todo el esplendor y las majestuosas creaciones de Dios para la habitación del hombre son perfeccionados. Todos los planes que Dios tenía al supervisar la creación de usted como humano están completamente escritos. Dios terminó su obra antes de que se echaran los cimientos de la tierra. Así que, cuando se dice que debemos orar en el Espíritu, la dinámica que realmente estamos buscando obtener es alinearnos con el ritmo y la mente de Dios. A medida que buscamos esto, el Espíritu del Señor nos enseña como orar. Habla a nuestro corazón para llevarnos a abrazar los protocolos del cielo y nos ayuda a diario a tomar los pequeños pasos que nos ponen en acuerdo con el cielo. Orar en el Espíritu de esta manera reconoce que hay mucho que el cielo tiene para impartirnos. Algunas veces no sabemos qué orar o cómo orar, por lo cual el Espíritu de Dios nos ayuda en nuestra incapacidad o ineptitud (Romanos 8:26–27).

Jesús le dijo a sus discípulos que "las puertas del Hades no prevalecerán contra ella (Mi iglesia)" (Mateo 16:18). Esto significa que nuestra máxima responsabilidad no es defender o proteger lo que tenemos, sino ser ofensivos y luchar para que su Reino penetre más allá de las puertas del infierno mismo, o por lo menos en los burdeles de Bangkok, las minas de estaño llenas de esclavos del

Congo, los secuestradores de niños invisibles en Dafur, los laboratorios de drogas en su ciudad o cualquier otro hoyo en el que Satanás haya atrapado a seres humanos con el fin de succionar sus almas lentamente. Cometemos un error si pensamos que Dios no puede extender su mano a estos lugares y traer liberación, pero también cometemos un error si pensamos que todo depende de su soberanía. Debemos invitarlo a nuestro mundo con el fin de que cambie las cosas, y debemos luchar en los lugares celestiales hasta que sus respuestas se abran paso a la tierra. Ahora es el tiempo para la acción; este es el momento de "orar siempre, y no desmayar" (Lucas 18:1). Tome la Palabra de Dios al pie de la letra, y láncese a la vida de oración hoy. Viva en el *tao* de la oración. Dios está buscando soldados que ascender a generales para la obra que quiere realizar antes de su regreso.

¿Tiene lo necesario para responder a ese llamado?

> Acerquémonos, pues, confiadamente al trono de la gracia, para alcanzar misericordia y hallar gracia para el oportuno socorro.
>
> —Hebreos 4:16

> Por tanto, tomad toda la armadura de Dios, para que podáis resistir en el día malo, y habiendo acabado todo, estar firmes [...] orando en todo tiempo

con toda oración y súplica en el Espíritu, y velando
en ello con toda perseverancia y súplica por todos
los santos.

—EFESIOS 6:13 Y 18

Apéndice

EL INFORME DEL VIGÍA

NOMBRE: _____

HORA: _____ FECHA: _____

La Palabra de Dios

Sobre mi guarda estaré, y sobre la fortaleza afirmaré
el pie, y velaré para ver lo que se me dirá, y qué he
de responder tocante a mi queja. Y Jehová me respondió, y dijo: Escribe la visión, y declárala en tablas,
para que corra el que leyere en ella. Aunque la visión
tardará aún por un tiempo, mas se apresura hacia el
fin, y no mentirá; aunque tardare, espéralo, porque
sin duda vendrá, no tardará.

—HABACUC 2:1–3

Entendimiento profético

_____

_____

_____

_____

Impulsos o sentir

_____

_____

_____

_____

Visiones

_____

_____

_____

_____

Sueños

_____

_____

_____

_____

Impresiones

_____

_____

_____

_____

Otros comentarios

_____

_____

_____

_____

_____

_____

_____

Notas

Introducción

1. Yo parafraseé estas declaraciones para hacerlas más aplicables al Cuerpo de Cristo en lugar de dejarlas como simples principios de guerra física. Seleccioné la traducción de Lionel Giles para utilizarla como la traducción base ya que se encuentra disponible en la Internet si busca "Art of War Giles". Estos números de referencia de capítulo y versículo son de la traducción del Sr. Giles.

Uno
Los primeros principios

1. James H. O'Neill, "The True Story of the Patton Prayer," *Review of the News*, 6 de octubre de 1971, primera aparición como documento del gobierno en 1950, http://www.pattonhq.com/prayer.html (consultado el 18 de enero de 2010).

2. Como se menciona en: Jim Denison, "Studies in 2 Corinthians: Taking Ministry Personally," *Baptistway Press Adult Online Commentary*, http://www.bgct.org/TexasBaptists/Document.

Doc?&id=1134 (consultado el 5 de mayo de 2010).

3. Ibíd.

4. Norman Grubb, *Rees Howells: Intercessor* (Fort Washington, PA: CLC Publications, 1952), 104–120.

Dos
EL TAO DE LA ORACIÓN

1. *Merriam-Webster Online Dictionary*, s.v. "Tao," http://www.merriam-webster.com/dictionary/tao (consultado el 23 de marzo de 2010).

2. C. S. Lewis, *The Abolition of Man* (New York: Simon & Schuster, 1944), 30.

3. William Booth, "The Founder's Message to Soldiers," *Christianity Today*, 5 de octubre de 1992, 48.

4. Jeanne Guyon, *A Short and Easy Method of Prayer*, Christian Classics Ethereal Library, http://www.ccel.org/ccel/guyon/prayer.iii.html (consultado el 23 de mayo de 2010).

5. Charles G. Finney, *Memoirs of Charles G. Finney,* Michigan Historical Reprint Series (n.p.: Scholarly Publishing Office, University of Michigan Library, 2005), 17. Originalmente publicado por A. S. Barnes, New York, 1876.

6. Muchos maestros de la Biblia piensan de manera errónea que este aguijón en la carne era una enfermedad de algún tipo ya que en Gálatas 4:15 sugiere que los Gálatas estaban listos para sacarse sus propios ojos para dárselos. No obstante, esta frase siempre se utilizaba para describir a un grupo de personas en otras partes de la Escritura, así que es más probable que Pablo lo esté utilizando en ese mismo sentido Además en la lista de debilidades de 2 Corintios 11:29 no menciona nada acerca de estar enfermo (Nota del traductor: ninguna versión en inglés habla de enfermedad, y en español solamente la versión Reina-Valera expresa esta idea) ¡sino solamente de ser "débil" por haber sido ser azotado o apedreado y dejado por muerto!

Tres
El cielo y la tierra
(El plano físico y el espiritual)

1. *Amén* significa "así sea".

Cuatro
El general de oración

1. Grubb, *Rees Howells: Intercessor,* 251–252.
2. Ibíd.

3. Como se menciona en "The Salvation Army Risca Corps Revelations!" Pascua 2003, http://www.riscasalvationarmy.org.uk/files/rev_0403.pdf (consultado el 24 de marzo de 2010).

4. Charles G. Finney, *Lectures of Revivals of Religion,* Michigan Historical Reprint Series (n.p.: Scholarly Publishing Office, University of Michigan Library, 2005), 48–49.

5. Charles G. Finney, "I Commence Preaching as a Missionary," in *The Original Memoirs of Charles G. Finney*, Garth M. Rosell and Richard A. G. Dupois, eds. (Grand Rapids, MI: Zondervan, 1989, 2002), 56–57.

6. Paul Reno, *Daniel Nash: Prevailing Prince of Prayer* (Asheville, NC: Revival Literature, 1989), 8.

7. Charles G. Finney, *Memoirs of Reverend Charles G. Finney: Written by Himself* (New York: A. S. Barnes and Company, 1876), 320.

8. En la versión de la Biblia en ingles *The Message: The Bible in Contemporary English* se traduce como "Señor de los ejércitos".

Cinco
El método y la disciplina

1. Annie Dillard, "Seeing," in *A Pilgrim at Tinker Creek* (New York: Harper Perennial Modern Classics, 1974), 27–31.

Seis
Las fuerzas aliadas

1. J. E. Hutton, "The Founding of Herrnhut, 1722–1727," en *A History of the Moravian Church* (n.p.: BiblioBazaar, 2006), 183–196.

2. Dr. A. K. Curtis, "A Golden Summer," http://www.zinzendorf.com/agolden.htm (consultado el 25 de marzo de 2010). Este artículo primero apareció en "Glimpses 37: Zinzendorf," *Glimpses of Christian History*, del Christian History Institute, http://www.christianhistorytimeline.com/GLIMPSEF/Glimpses/glmps037.shtml (consultado el 25 de marzo de 2010).

3. John T. Woolley and Gerhard Peters, *The American Presidency Project* online, Abraham Lincoln, "Proclamation 114—Appointing a Day of Nacional Humuluation (sic), Fasting, and Prayer," July 7, 1984, http://www.presidency.ucsb.edu/ws/index.php?pid=69994 (consultado el 27 de enero de 2010).

Siete
Las tácticas de defensa

1. Oswald Chambers, "August 23," en *My Utmost for His Highest: Selections for the Year*, orig. copyright © 1935 (Grand Rapids, MI: Discovery House Publishers, 1993), August 23.

2. Cindy Trimm, *Declara bendición sobre tu día* (Lake Mary, FL: Casa Creación, 2007), 116–154.

3. Cindy Trimm, *The Rules of Engagement* (Lake Mary, FL: Charisma House, 2008).

4. Visite mi sitio en la Internet, www.cindytrimm. com, para más información en inglés acerca de estas herramientas de oración.

5. Ibíd.

Ocho
Cómo obtener las estrategias divinas

1. E. G. Carre, editor, *Praying Hyde: The Life Story of John Hyde* (Orlando: Bridge Logos, 1982), 9–10.

2. Guyon, *Short and Easy Method of Prayer*.